Elke Suhr

Zwei Wege ein Ziel

Tucholsky, Ossietzky und DIE WELTBÜHNE

Mit dem Briefwechsel zwischen Tucholsky
und Ossietzky aus dem Jahre 1932

W0060166

Weismann Verlag

Inhalt

Tucholsky, Ossietzky und Die Weltbühne

Kurt Tucholskys letzter deutscher Reisepaß,
ausgestellt in Paris am 14. Januar 1929

Vorwort
»Die beiden konnten nicht miteinander«

Zwei Wege, ein Ziel – radikale politische Aufrichtigkeit oder kluge publizistische Zurückhaltung? Darüber streiten 1932 der Herausgeber der linksbürgerlichen Zeitschrift WELTBÜHNE, Carl von Ossietzky, und sein berühmtester Mitarbeiter Kurt Tucholsky. Aus dem sicheren schwedischen Exil schreibt Tucholsky seine Beiträge, scharf und kompromißlos. Ossietzky, der sich in der untergehenden Republik für das Blatt verantwortlich fühlt, plädiert für leise Töne, will ein Verbot vermeiden.

War es in Wirklichkeit Anpassung, was Ossietzky Vernunft nannte? Er zweifelte selbst – mal ließ er ohne Rücksicht auf die Zensur die tucholskyschen Polemiken abdrucken, mal mahnte er den Mitarbeiter im Exil zur Vorsicht.

War es in Wirklichkeit Verzweiflung, was Tucholsky Kompromißlosigkeit nannte? 1932 hatte er die deutsche Republik längst aufgegeben und sich zurückgezogen in das kleine schwedische Dorf Hindås bei Göteborg. Er schrieb nicht mehr für die Menschen, sondern gegen sie, bitter und hoffnungslos, weil sie die demokratischen Ideale nach dem Ersten Weltkrieg so leicht aufgegeben hatten. Er wollte kein Opfer mehr bringen für die mißratene Republik und riet Ossietzky zur Flucht, als der wegen angeblichen Landesverrats vor Gericht gestellt wurde.

Ossietzky blieb, auch nach dem 31. Januar 1933, er hoffte bis zum Schluß auf die Menschen, die 1936 den Friedensnobelpreis für ihn erkämpften.

»Märtyrer ohne Wirkung« nannte ihn Tucholsky, und starb ein Jahr vor ihm – an seinen verlorenen politischen Hoffnungen.

»Schreiben Sie mir doch ruhig mehr ... ist es doch wichtig für mich zu wissen, was Sie tun und vorhaben. Und dann, weil Sie es sind ...« – Zuneigung, ja Sehnsucht schimmert durch in Ossietzkys letzten Briefen aus dem Gefängnis an den Freund Tucholsky. Angesichts der Korrespondenz zwischen den beiden aus dem Jahre 1932 ist es umso erstaunlicher, daß sich ihre Biographen bis heute einig sind: Sie seien einander fremd geblieben, »die beiden konnten nicht miteinander«, heißt es.

Woher will man das wissen?

Natürlich, da sind Tucholskys Briefe an seine Frau Mary, in denen er sich wieder und wieder über den Weltbühnenherausgeber Ossietzky beklagt. Der sei ein langweiliger Schreiber und ein nachlässiger Redakteur. Das war in den Jahren 1927/28 als Tucholsky noch um seinen verstorbenen Freund und Lehrmeister, den Weltbühnenbegründer Siegfried Jacobsohn, trauerte. Dessen warme Anteilnahme konnte der zurückhaltende Ossietzky nicht ersetzen. Er erfüllte die Aufgabe auf *seine* Weise: als Leitartikelschreiber und als Redakteur, dem die geistige Freiheit seiner Mitarbeiter heilig war, machte er das Blatt zur wichtigsten Tribüne der unabhängigen Linken der Weimarer Republik.

Tucholsky brauchte, nachdem er selbst als Erbe Jacobsohns und Weltbühnenherausgeber gescheitert war, ein wenig Zeit, ehe er den – noch – unbekannten Nachfolger akzeptieren mochte.

Carl von Ossietzky – ein Erinnerungs-
foto an seine Lektorenzeit im
Hamburger Pfadweiser-Verlag 1919

Wie kam es dann zu der Vertrautheit, die sich in dem Briefwechsel der beiden Publizisten aus dem Jahre 1932 spiegelt? In ihren Briefen und Artikeln kann man nachlesen, wie sie – unbeachtet von den Biographen – 1929 begannen, sich einander zu nähern. Wichtig war Ossietzkys Besuch bei Tucholsky in Hindås 1930, als die beiden fast eine Woche allein miteinander verbrachten, Nächte »durchquasselten«. Zeichen von Achtung und Freundschaft finden sich in manchem Artikel bis 1932.

Dann jene Korrespondenz aus der Untergangszeit der Weimarer Republik, die im Mittelpunkt dieser Darstellung steht. Kein Zweifel, daß der rauhe Jargon, in dem sie Privates austauschen, nichts anderes ist, als jene unbeholfene Form der Vertraulichkeit, in der Männer bisweilen Nähe suchen. Während Ossietzkys Aufenthalt im Gefängnis ändert sich der Ton zwischen den beiden. Sie gehen offener, weicher miteinander um. Der Einsame in Hindås vertraut dem Freund an, daß er die Kraft zum Leben und zum Schreiben verliere; der Gefangene schreibt dem Draußengebliebenen über die Einsamkeit der Zelle und die Angst, die sich hinter den dicken Gefängnismauern breitmacht. Er bittet den Freund im Exil um Hilfe, und er versucht selbst zu helfen, ihn zurückzuholen in die Republik, für die er immer noch kämpfen will, die Tucholsky längst aufgegeben hat.

Warum ging Tucholsky 1935 freiwillig aus dem Leben – war es Geldnot, war es eine unheilbare Krankheit, war es politische Resignation, die ihn zum Freitod trieb? Die Antworten der Biographen bleiben vage.

Ossietzkys einfühlsame Briefe an den Freund lassen manches ahnen und begreifen: »... machen Sie aus Ihrem Leben keine Peter-Schlemihlgeschichte!«

Warum flüchtete Ossietzky 1932/33 nicht vor dem drohenden Nationalsozialismus – war es die Bereitschaft zum Martyrium, war es Unentschlossenheit, war es eine falsche Hoffnung, die ihn ausharren ließ?

Man versteht die bangen, hoffnungsvollen Gefühle dieses Mannes in der Endzeit der Republik ein wenig besser, wenn man seine Zeilen an Tucholsky liest, »... wir wollen uns wiedersehen und über die Vergangenheit lachen!«

Gertrude Meyer-Prenzlau, Rosalinda von Ossietzky-Palm, Rudolf Arnheim und Fritta Brod haben mir geholfen, die beiden Publizisten in ihrer Zeit zu verstehen und die Hintergründe ihrer Freundschaft in ein neues Licht zu setzen. Ich danke ihnen und Stefan Berkholz, der mir manche Idee für dieses Buch geschenkt hat; ebenso gilt mein Dank meinem Vater.

»Zwei Wege, ein Ziel« entstand auf Grundlage eines gleichnamigen Rundfunk-Features für Radio Bremen aus dem Jahre 1985. Den Titel regte Günther Demin an, auch ihm sei gedankt.

Tucholsky als Neunzehnjähriger

1. Kapitel

»Wenn ich was kann: Es ist ja nur für dich gemacht«

Kurt Tucholsky, Siegfried Jacobsohn und DIE WELTBÜHNE

»Ich platzte vor Stolz: Siegfried Jacobsohn ließ mich kommen«, so erinnert sich Kurt Tucholsky an seinen ersten Besuch 1913 im Berliner Bücherkäfig des legendären Redakteurs und Weltbühnenherausgebers, der ihn »seitdem nicht mehr losgelassen«, der ihn zum Schriftsteller gemacht hat.

Tucholsky war gerade 23 Jahre alt – und wurde zum Schüler des sechs Jahre Älteren; auch zu seinem Freund.

Gemeinsam prägten sie das Gesicht der kleinen Theaterzeitschrift Jacobsohns, die damals noch SCHAUBÜHNE hieß. Nach vier Kriegsjahren hielt es den Herausgeber nicht länger im Tempel der schönen Künste; gegen den Krieg wollte er arbeiten, Verantwortung wollte er übernehmen für das politische Geschehen seiner Zeit: »... jetzt muß man wirklich Politik machen! Jetzt hat der Geist zu verhüten, daß seine Todfeinde wieder ans Ruder kommen.«

Stillschweigend benannte er sein Blatt in WELTBÜHNE um, und Theobald Tiger alias Kurt Tucholsky besang den Wandel, irgendwo mitten in der ersten WELTBÜHNE-Ausgabe:

»Mein gutes Blatt! Wie hast du dich verändert!...
Es war einmal ... da glaubten wir noch beide
an Kunst und an Kultur, an Menschentum –
an deine ziegelrote Wand schrieb ich mit Kreide
die Namen meiner Lieben an zu Ruhm.
Wir dachten: essen und organisiern
sind Selbstverständlichkeiten tief im Tal –
und auf den Bergen gehen wir spazieren...
Es war einmal...«

Die junge deutsche Republik, ihre Politik, ihre Wirtschaft, ihre Kultur, ihre Menschen und ihr Alltag sollten sich spiegeln in der kleinen Zeitschrift.

Die besten republikanischen Schriftsteller waren stolz, wenn sie einen Beitrag in dem exklusiven Intellektuellenblatt veröffentlichen durften: Rudolf Arnheim, Axel Eggebrecht, Erich Kästner, Hermann Kesten, Walter Mehring...

Die berühmten »roten Hefte« gingen von Hand zu Hand und wurden überall in Lesezirkeln diskutiert. So vervielfältigte sich ihre Wirkung, obwohl die Zeitschrift eine Auflage von 15.000 selten überschritt.

Die WELTBÜHNE war Pflichtlektüre für alle in der Republik, die sich links und intellektuell wähnten, und jeden Montag nach ihrem Erscheinen war sie von neuem Gesprächsthema in den Kreisen des Berliner Geisteslebens.

Tucholsky stand dem geistig-elitären Gebaren der WELT-BÜHNE skeptisch gegenüber: »Ich mag das Spiel nicht mitspielen, das darin besteht, die eigne Leserschaft für die Aristokratie des Geistes zu erklären, eine billige Art der Abonnentenwerbung.«

Und doch wußte er um die politische Ausstrahlungskraft der winzigen Zeitschrift, die er – wie Jacobsohn – liebevoll »Das Blättchen« nannte, und die von Generälen und Gerichten unablässig mit Verrats- und Beleidigungsprozessen verfolgt wurde.

Wie sehr sich Tucholsky in den Zwanziger Jahren mit der

WELTBÜHNE identifizierte, war schon allein daran zu erkennen, daß er oft vier oder fünf Beiträge in einer einzigen Ausgabe abdrucken ließ. Aber, so oft derselbe Name in einer kleinen Wochenschrift? Das war unmöglich, und deshalb benutzte er vier Pseudonyme, die zusammen mit dem Namen Tucholsky »fünf Finger an einer Hand« ergeben sollten. Fünf Finger, die ganz unterschiedliche, ja gegensätzliche Dimensionen des Schriftstellers zum Ausdruck brachten: Der säuerlich-zynische Ignaz Wrobel, der lyrisch-witzige Theobald Tiger, der lebenshungrig-kugelrunde Peter Panter, der ernsthaft-ehrliche Kurt Tucholsky – und Kaspar Hauser, der sich ganz fremd fühlte in der deutschen Wirklichkeit nach dem Krieg und der Novemberrevolution, in einer sogenannten Republik, die längst wieder von den Generälen und den Konzernen regiert wurde; die so wenig gemein hatte mit seinen republikanischen Idealen. Fünf Finger an einer Hand, die Gedichte, Glossen, Satiren, Aphorismen, Kommentare und kleine Geschichten für die WELTBÜHNE schrieben:

»Durch tausend Netzkanälchen laufen aus dieser Quelle Anregungen, Formulierungen, Weltbilder, Tendenzen und Willensströmungen ins Reich. ... solange die WELTBÜHNE die WELTBÜHNE bleibt, solange wird hier gegeben, was wir haben. Und was gegeben wird, soll der guten Sache dienen:

dem von keiner Macht zu beeinflussenden Drang,

aus Teutschland Deutschland zu machen...

Jeder Leser kann daran mitarbeiten.«

Das erklärte Tucholsky 1930, zum 25-jährigen Jubiläum des Blättchens.

Damit aus Teutschland Deutschland wird.

Aus Liebe zu Deutschland schrieb er – und aus Liebe zu seinem Freund Siegfried Jacobsohn, den er Vater aller seiner Arbeiten nannte, und den »idealsten deutschen Redakteur.«

Der verbrachte die Sommermonate am liebsten auf der Insel Sylt, und ihm zuliebe übernahm Tucholsky die Schlußredaktion des Blattes; er, der alles Organisatorische haßte und der fremde Texte zum Vergnügen las, nicht, um sie zu redigie-

Tucholsky mit Jakopp Danehl,
etwa 1927

ren. Obwohl er selbst Chefredakteur beim ULK war, nahm er tagtäglich Jacobsohns Regieanweisungen aus der Ferne entgegen: Ändern Sie..., lassen Sie..., machen Sie...!

Und der Lehrling änderte, ließ und machte.

Der Meister provozierte: Gespannt sei er, ob der andere ihn von dem Glauben abbringe, »daß man jede Kleinigkeit selber machen muß.«

Diesen Glauben, den Glauben an die eigene Berufung, verlor er natürlich nicht. »Völlig makellos« redigiert seien immer nur Tucholskys eigene Beiträge, kritisierte er. Und das sei unvermeidlich: »Die wirklich große, alles sehende Liebe hat man ausschließlich für seinen eigenen Kram, und darum muß man tatsächlich alles, jede Kleinigkeit selber machen.«

Siegfried Jacobsohns große Liebe galt nicht dem eigenen Geschriebenen, sondern dem ganzen Blättchen, das er sein »geronnenes Herzblut« nannte. Jede Nummer war eine Komposition, jeder Beitrag mußte in der kleinsten Formulierung stimmen, innerlich und äußerlich. Die besten Autoren waren gerade gut genug, und sie alle mußten und wollten sich seine Kritik gefallen lassen, wenn er sie einfügte in das Ganze. Er holte das »Gute« aus ihnen heraus, weil er das »Gute« für seine Zeitschrift wollte und weil er sich wirklich darüber freuen konnte.

Jacobsohns Freude war für Tucholsky Maßstab allen Schreibens. Er, der den eigenen geliebten und bewunderten Vater im Alter von 15 Jahren verloren hatte, hing an dem Älteren wie ein gläubiges Kind, nannte auch ihn einen Vater, den er brauchte, den viele Weltbühnenmitarbeiter brauchten. Tucholskys Artikel waren allesamt »Briefe« an den Freund. Bei dem »kam alles an«, er druckte es nicht nur, er nahm es auf mit einer Wärme, die für Tucholsky die »Treibhausluft« seines Schaffens war: »Fruchtbar kann nur sein, wer befruchtet wird. Liebe trägt Früchte.«

Die Leser seien dabei das »Allerletzte« gewesen, »um die hat sich ja kein Mensch bekümmert.« Das schrieb Tucholsky 1927 in Erinnerung an Siegfried Jacobsohn, der im Dezember

1926 – mit 46 Jahren – während eines epileptischen Anfalls erstickt war.

> »... Wir sind allein...
> Du hast ermutigt. Still gepflegt. Gelacht.
> Wenn ich was kann:
> Es ist ja nur für dich gemacht.
> So nimm es an.«

Zärtliche, wehmütige Zeilen, wie sie Tucholsky nie mehr für einen Menschen gefunden hat, nicht einmal für eine geliebte Frau. Er blieb zurück, ein alleingelassener Kaspar Hauser, der mit dem väterlichen Freund die innere Verbindung zu den Menschen und zu der Republik verloren hatte. Der Lebenssinn war dahin. Und nur widerwillig, lustlos arbeitete er weiter. Jacobsohn hatte seiner Frau Edith alles Geld hinterlassen. Die Leitung seines »geronnenen Herzblutes« übernahm der Freund. Aber der fühlte sich unendlich verloren in den Redaktionsräumen im Königsweg 33.

»Er schien völlig verwandelt, sehr traurig, schüchtern, müde, ohne Impuls ... Als ich ging, holte er aus dem Schreibtisch ein Photo von S.J. mit dessen Unterschrift und fragte mich, ob er mir damit eine Freude machen könne. Und die ganz tiefe Trauer schwang in dieser Frage mit...«

So erlebte ihn die Schriftstellerin Pauline Nardi im Januar 1927. Im Grunde war er weder bereit noch in der Lage, alle redaktionelle Verantwortung zu tragen, die ihn vom Schreiben abhielt.

Alles in ihm sträubte sich gegen die Rolle als »Oberschriftleitungsmeister«, wie er sich selbstironisch in einer Buchwidmung für Lucius Schierling alias Carl von Ossietzky titulierte.

Kaum konnte er Berlin ertragen, das ihm seit der gescheiterten Revolution von 1918/19 zuwider war, und das er 1924 verlassen hatte, um als Auslandskorrespondent der VOSSISCHEN ZEITUNG und der WELTBÜHNE in Paris zu arbeiten.

In Briefen an seine Frau Mary, die in der französischen Hauptstadt zurückgeblieben war, zeichnete er im Januar 1927 ein jammervolles Bild: »Hier ist es nicht sehr schön ... Was man macht, ist falsch... mich langweilt es – ich bin so müde, und Berlin ist mir widrig ...«.

Alles wuchs ihm über den Kopf: das tagtägliche Redigieren und Telefonieren, die Redaktionspost und immer wieder Besucher, die einen Beitrag unterbringen oder irgend etwas anderes wollten. »... es frißt einen auf ... das ist eben Redaktion, daß man dauernd herumhorcht, was nun ist – denn was von alleine kommt, ist ausgemachter Dreck...« Die bewähren Redaktionskollegen fand er langweilig, viel zu »abstrakt«, und er machte sich auf, bessere zu suchen. Mit dem Erfolg, so die Weltbühnenmitarbeiterin Hilde Walter, daß er bereits nach wenigen Wochen in Bedrängnis war, weil er mehr Manuskriptaufträge vergeben hatte, als das Blättchen verkraften konnte. In diesem Durcheinander fürchtete er um seine Produktivität. »... hier geht das Beste von mir in die Binsen ...«, so klagte er Mary sein Leid, und schnell war der Entschluß gefaßt, die WELTBÜHNE – wenn überhaupt – von Paris aus zu redigieren: »... dann arbeite ich Ossietzky ein und komme rasch ...«. Aber der wollte nicht so recht, traute sich die Redaktionsleitung nicht zu, fühlte sich selbst mehr als Schriftsteller denn als Redakteur.

Tucholsky hielt nur noch eines: Die feste Überzeugung, unentbehrlich zu sein, die Überzeugung, daß es ohne ihn nicht gehen würde, daß die anderen Mitarbeiter alles, aber auch alles »verpatzen« würden, all jene von Siegfried Jacobsohn beschworenen »Kleinigkeiten«, die den Stil des Blättchens ausmachten: »Geb ichs jetzt aber ab, dann ist es in ein paar Wochen kaputt, daran ist kein Zweifel«, erklärte er seiner Frau, die auf seine Rückkehr nach Paris drang.

Als Erbe Siegfried Jacobsohns fühlte er sich unersetzlich, und es konnte keinen geben, der ihm für die Weltbühnenredaktion gut genug war, auch wenn es ihn mit Macht wegzog. Bei allen Journalisten, die für eine Mitarbeit in Frage kamen, überwogen in seinen Augen die Nachteile: Berthold Jacob nannte er ehrgeizig und falsch, Wolfgang Zucker dumm und dreist. Und Ossietzky? Der sei einfach »schlapp«.

Rettungslos verstrickt in Trauer, Pflichtgefühl, Selbstüberschätzung und Eitelkeit suchte er die Schuld zuerst bei allen anderen. Da sei keiner, aber auch keiner, der ihm helfen könne. Alles müsse er selber machen: »... Bin ich eine halbe Stunde nicht im Laden, klappt nichts ... Ich tippe wie ein Affe...«

Die Klagen nahmen kein Ende. Nein, er wolle nicht mehr, aber er müsse doch. Dann die erleichterte Meldung: »... Ossietzky entlastet mich jetzt ein bißchen«; und ein paar Tage später: »... der Ossietzky macht wenigstens das Schlimmste...«. Aber zufrieden war der Starschreiber von der WELTBÜHNE deshalb noch lange nicht, der andere war ihm zu trocken und zu langsam: »... also der Oss hilft ja, aber das Richtige ist es nicht.«

Eine einzige Nummer sei wegen Krankheit ohne ihn, Tucholsky, entstanden, und sie sei langweilig geworden. Dem unbefangenen Leser wird die WELTBÜHNE vom 15. Februar 1927 mit Beiträgen von Kurt Hiller, Arthur Eloesser und Alfred Polgar ebenso spannend erscheinen wie die Ausgaben davor und danach. Nur Panter, Tiger & Co. sind unterrepräsentiert, aber die waren schließlich krank.

Tucholsky glaubte, was er glauben wollte: »Bleibe ich nicht, ist sie hin.« Also blieb er und gewann der neuen Aufgabe auch angenehme Seiten ab: Sein Leben würde ruhiger und geregelter ablaufen, das Einkommen wäre ein für alle Mal gesichert. Geld schien plötzlich das Allerwichtigste für ihn geworden zu sein. 1.500 Mark im Monat waren ihm nicht genug, wenn Edith Jacobsohn und ihr Sohn 1.000 Mark bekamen, ohne etwas Nennenswertes dafür zu leisten. Tucholsky wollte nicht für sie mitarbeiten. Er verlangte mehr: »... Wenn man mit dem Blättchen Geld verdienen kann, dann ja«, schrieb er Mary. »Aber wenn ich für sie schuften muß wie bisher: nichts zu machen.«

Gewiß, Geld war wichtig für Tucholsky, daraus hatte er nie einen Hehl gemacht, doch das war nicht der einzige Grund für seine Klagen.

Er, der Jacobsohn bedingungslos als väterliche Autorität

anerkannt hatte, mochte sich der Frau, der Verlegerin, ebenso wenig unterordnen wie einst der verhaßten Mutter – um nichts in der Welt: »... wenn die Frau auf ihrem Standpunkt stehen bleibt, daß ich für sie arbeiten soll, *während ich das Blatt bin* –: dann schmeiß ich hin.«

Oder: »... ich will ganz und gar siegen. Sonst tue ich es nicht... Ich will *so* nicht, wie sie will.« Nach kurzer Zeit hatte er sich ganz und gar in einen kindischen Autoritätskonflikt hineingesteigert. Edith Jacobsohn galt als schwierig und sehr willensstark, Tucholsky fand sie »faul, schlampig, überheblich«, kurz eine unerträgliche »Trulle«.

Einmal schilderte er Mary mit stolzem Behagen sein repräsentatives Arbeitszimmer im neuen Redaktionsgebäude in der Kantstraße, nahe dem Kurfürstendamm – eine »vornehme Gegend«. Dann wieder mußte er explodieren vor Zorn, weil die »Frau« ihm bei der Einrichtung hereinreden wollte. Bei jeder Begegnung kochte unüberwindlicher Widerwille, ja Haß in ihm auf, wie ihn nur verletzte Eitelkeit hervorbringen kann: »Nach außen großer Mann und vor dem Personal Popel – das gibt es nicht. Ich bin nicht ihr Angestellter.«

Zuerst war er in einer starken Position gegenüber der »Frau«, die sich »butterweich« gab, weil sie fürchtete, mit ihrem Starautoren auch viele, zu viele Leser zu verlieren. Aber im April 1927 war die Atmosphäre zwischen den beiden unerträglich geworden. Tucholsky gab auf und räumte den Platz von Siegfried Jacobsohn. Für Ossietzky, den er selbst als Nachfolger vorschlug.

Der junge Ossietzky

2. Kapitel

»Die Weltbühne ..., ein wunderbar getriebenes Metallgefäß im Abendrot der bürgerlichen Zeit«

Carl von Ossietzky, Siegfried Jacobsohn und Die Weltbühne

Es war Tucholsky, der Jacobsohn 1924 auf den noch unbekannten Redakteur Carl von Ossietzky vom Tage-Buch aufmerksam gemacht hatte: Das sei ein Mann für das Blättchen.

Tucholsky und Ossietzky hatten sich 1919 im Friedensbund der Kriegsteilnehmer kennengelernt, der alljährlich zum Tag des Kriegsausbruches die »Nie-wieder-Krieg!«-Kundgebung im Berliner Lustgarten organisierte, die einzige regelmäßige Massenveranstaltung der Pazifisten der Weimarer Republik.

Ossietzky war im Januar 1925 zum ersten Mal in der Weltbühnenredaktion erschienen, um dann über ein Jahr nicht wieder aufzutauchen. Zwar wollte er gerne für die Weltbühne arbeiten, aber er glaubte, vorher einen Prozeß gegen sich als verantwortlichen Redakteur des Tage-Buch durchstehen zu müssen. Im Februar 1926 war er frei und kam wieder zu Siegfried Jacobsohn, der ihn in Briefen an Tucholsky »Marquis von O.« nannte, wegen seiner vornehm-zurückhaltenden Art.

Der Weltbühnenleiter bot dem Marquis einen Autorenvertrag an, doch der zauderte.

»Glaubst Du, daß der Marquis einen Vertrag unterzeichnet?«, fragte Jacobsohn den Freund. »Mitnichten. An dem ist auch ein Halbdutzend alter Jungfern verloren gegangen.«

Endlich, im April 1926, erschien Ossietzkys erster politischer Kommentar in der WELTBÜHNE; von da an gab es kaum noch eine Ausgabe ohne seinen Leitartikel über die wichtigen Entwicklungen und Ereignisse der Woche.

Er gewann bald das uneingeschränkte Vertrauen des Herausgebers, der alle seine Artikel unredigiert abdrucken ließ. Dieses Privileg genoß sonst niemand, nicht einmal Tucholsky. Der sei eifersüchtig gewesen, konstruiert aus diesem Umstand der Tucholsky-Biograph Gerhard Zwerenz in seinem Essay über Ossietzky und Tucholsky, »Krieg der Pazifisten«. Lag hier ein wichtiger Grund für spätere Spannungen zwischen den beiden?

Tucholsky war nichts weniger als eifersüchtig. Er hatte Ossietzky wie viele andere begabte Schreiber für das Blättchen aufgestöbert; das machte ihm Spaß, es freute ihn, wenn andere etwas »Gutes« vollbrachten.

Außerdem hatte Tucholsky Jacobsohns Kritik gewollt, ja gebraucht, an ihr war er zum Schriftsteller gewachsen, und das wußte er.

Ossietzky dagegen war ein »Selfmademan«, so nannte ihn seine englische Frau Maud. Er hatte ohne Lehrmeister auskommen und sich allein seine Position in der journalistischen Welt erobern müssen. Da war kein Platz für zeitraubende Spielereien und Sprachexperimente, da herrschte immer Zeitdruck, da wurden druckfertige Manuskripte verlangt.

Ossietzky war bereits Meister, als er seine Arbeit bei der WELTBÜHNE begann, Meister eines Metiers, von dem Siegfried Jacobsohn selbst wenig verstand, das er aber in seinem Blatt mehr und besser als früher repräsentiert sehen wollte: den Tagesjournalismus. Er respektierte die Arbeit des anderen, wie sie war. Der hing bald wie alle anderen Mitarbeiter mit großer

Liebe an dem Herausgeber. »Es war eine Stimmung unterdrückter Tränen«, erinnerte er sich nach einem Jahr an den Todestag Jacobsohns, als er mit Freunden und Mitarbeitern in der Weltbühnenredaktion zusammengetroffen war, um zu besprechen: Wie soll es weitergehen mit dem Blättchen? »... scheu betastend, was S.J. gehörte, was sein Erarbeitetes, sein Geschaffenes war.«

Eigentlich war Ossietzky viel zu schüchtern, um die kleine Zeitschrift zu übernehmen, die er als etwas unendlich Kostbares ansah. Er traute sich nicht zu, ein würdiger Nachfolger Siegfried Jacobsohns zu werden. Wochenlang bedrängte ihn dessen Witwe, bis er die Aufgabe übernahm, für die sich kein anderer fand und die der nörgelnde Tucholsky dringend wieder loswerden wollte. Das bedeutete Verzicht. Verzicht auf den Traum vom Schreiben, den Traum, nur zu schreiben, ein Buch, vielleicht eine »Weltgeschichte«. Es blieb der alltägliche politische Journalismus. Doch immer sollte in seinen Artikeln die Lust an literarischen Formen und Themen durchblitzen und seine große Begabung dafür. Für mehr würde die Zeit nicht reichen, er sollte sich ganz verausgaben im politischen Kampf.

Als er 1932 wegen angeblichen Landesverrats ins Gefängnis mußte, blickte er in seinem Artikel »Rechenschaft« wehmütig zurück auf den Abschied von Jacobsohn, der für ihn der Abschied von der schönen bürgerlichen Literatur war:

»Die WELTBÜHNE war, so wie ich sie von S.J. übernommen habe, ein wunderbar getriebenes Metallgefäß, in dem die schönsten Dinge gesammelt waren, und so funkelte es verführerisch im Abendrot der bürgerlichen Zeit – ein letzter Kämpfer, der in edler Linie focht. Heute ist alles mit Politik und Ökonomie vollgestopft, und aus einem Refugium der Schönheit ist ein Depot aller Sorgen geworden.«

Tucholsky 1928 in Paris

3. Kapitel
»Er mag mich nicht, und ich ihn nicht mehr«
Kurt Tucholsky und sein Nachfolger

Wer sich für unersetzlich hält, mag keinen Nachfolger anerkennen. In den Wochen nach seinem eigenen Ausstieg hatte Panter, Tiger & Co. vor allem zu kritisieren. Das Blättchen sei langweilig geworden, ein richtiges »Käseblättchen« – schludrig, schlampig, schlapp. Woche für Woche prophezeite er Mary und seiner Freundin Lisa Matthias den baldigen Untergang der WELTBÜHNE unter Ossietzkys Leitung: »Es ist trostlos, was sie da machen, und es muß schief gehen, es wäre gegen alle Naturgesetze, wenns das nicht täte.«

Falsch, ganz falsch.

Naturgesetz war für ihn, daß es ohne ihn selbst nicht gehen würde, und es ging doch, sogar immer besser. Trotzdem wollte er von Paris aus »retten« und bombardierte die Redaktion mit Kritik, Verbesserungsvorschlägen und Anregungen. Dabei arbeitete er »schubweise«, kann sich Rudolf Arnheim, der seit 1928 Kulturredakteur bei der WELTBÜHNE war, heute noch gut erinnern.

Manchmal hörte und sah man wochenlang nichts von Tucholsky, dann kam ein ganzer Stoß von Manuskripten, Briefen und Anmerkungen zu alten Ausgaben der Zeitschrift. »Aber Redaktionsarbeit kann man doch nicht aus der Ferne machen«, kommentiert Arnheim. Hilde Walter, WELTBÜHNE-Mitarbeiterin seit 1926, warf Tucholsky vor, »ungerechtfertigte Mitbestimmungsansprüche« gestellt und sich in Redaktionsangelegenheiten eingemischt zu haben, die er aus der Distanz nicht beurteilen konnte.

Und Ossietzky? Der antwortete sparsam auf Tucholskys Brieflawine. Er hatte schließlich die ganze Redakteursarbeit zu erledigen und schrieb obendrein Woche für Woche die ossietzkyschen Leitartikel, die das Blatt berühmt machten. Die waren nicht einfach aus dem Gefühl hinformuliert, die basierten auf mühseligen Studien der gesamten Presse, der Nachrichten aus aller Welt. Da blieb nicht viel Zeit und Kraft fürs Briefeschreiben. Einmal hüllte er sich vierzehn (!) Tage lang in Schweigen. Der Kritiker in Paris empfand das als persönliche Mißachtung: Ossietzky »... interessiert sich wohl nur für sich alleine ... geht auf nichts ein – wie ich ihn kenne, aus Faulheit nicht. Von Anregung ist überhaupt keine Rede. Da entzündet sich nichts. Wie muß das erst andern gehen?«

Es war nicht nur die Eifersucht auf den Nachfolger, die Tucholsky in seinen Briefen an Mary zu solch scharfen Äußerungen trieb, es war auch das Mißfallen an Ossietzky als Redakteur. Der Einsame im Ausland vermißte die warme Anteilnahme eines Siegfried Jacobsohn – der neue Weltbühnenleiter würde immer nur abdrucken, beklagte er sich bei Walter Hasenclever, niemals loben oder kritisieren. Und vor allem, immer und immer, bis 1933: »Er schreibt ja keine Briefe.«

Das sollte der hingebungsvolle Briefeschreiber Tucholsky niemals verstehen lernen – auch nicht, als beide längst Freunde waren. Er selbst entäußerte sich in seinen Briefen, er lebte durch sie, mehr als durch alle Artikel und Gedichte, in denen er sein Ich hinter witzigen Ideen und koketten Formulierungen verbarg. Es war die Sehnsucht nach dem väterlichen Freund und Brief-Partner Jacobsohn, die ihn umtrieb – und die Enttäuschung, daß Ossietzky kein Ersatz sein konnte und wollte. »Dahin. Jetzt sitz ich allein«, dichtete der Alleingelassene kindisch-unbeholfen in der WELTBÜHNE, wenige Monate nach Jacobsohns Tod:

> »Keinen hör ich vor Beifall schrein;
> hör nie mehr das schmetternde Gelach,
> nie mehr die Herzensfreude mit Krach...
> Doch dreimal am Tag, wenn was passiert, ...
> dann denk ich: Das darf er nicht verfehlen –
> das mußt du gleich S.J. erzählen.«

Nein, der »Marquis von O.« in seinem korrekten dunklen Anzug konnte kein Ersatz für Siegfried Jacobsohn sein. Er wirkte auf andere Menschen eher kühl und reserviert, er hielt sich mit Gefühlsäußerungen zurück – mit Beifall wie mit Kritik. Sein Lachen war leise. »Das war so ein Mensch, der war schwach, zitternd, nervös und hat meistens nach unten gesehen«, erinnert sich Rudolf Arnheim, der täglich mit Ossietzky zusammenarbeitete. »Dabei war er aber einer der besten Kameraden, die ich je gehabt habe. Weil man sich auf ihn verlassen konnte, weil er niemals irgend etwas hinter dem Rücken getan hat, der war immer ehrlich, immer hilfsbereit.«

Ein Mensch, den man entdecken mußte. »Er war kein Tänzer«, so charakterisiert die Schauspielerin Fritta Brod heute das Auftreten Ossietzkys in den Berliner »Kreisen«, im Café Adler und anderswo. Er liebte es nicht, sich in der sogenannten Gesellschaft zu zeigen, er verkroch sich hinter seiner Arbeit und kümmerte sich – viel zu selten – um seine Frau Maud und seine Tochter Rosalinde.

Er sei ein »Trockner«, meinte Tucholsky, einer, der »nicht dazugehörte«. Tucholsky war da ganz anders, er liebte es, im Mittelpunkt zu stehen, besonders wenn Frauen anwesend waren. Er glänzte mit Charme und Witz, mit seiner Redegewandtheit. Über die Anstrengung, die ihn dieses Gauklerspiel vor dem Hintergrund seiner wachsenden Verzweiflung und Resignation kostete, schwieg er sich aus.

Ein Jahr nach seinem mißglückten Interregnum bei der WELTBÜHNE erschien er auf einem der obligatorischen Teenachmittage bei Edith Jacobsohn. Die Gastgeberin sei »gar nicht vorhanden« gewesen – und Ossietzky? »Trocken« wie immer. Er, der Tänzer, verwechselte bescheiden mit trocken, zurückhaltend mit langweilig.

Und ähnlich ging es ihm mit Ossietzkys Artikeln. Er verstand nicht, daß ein tagespolitischer Kommentar zuerst und vor allem Informationen auswerten mußte, daß Sprachspielereien nur am Rande möglich, oft fehl am Platze waren. Er spürte nicht die heitere Feinfühligkeit, bemerkte nicht die Ironie zwischen den Zeilen und Ossietzkys Sinn für Komik, der bei den trockensten Themen immer wieder aufblitzte und von dem seine Mitarbeiter schwärmten.

Tucholsky – im Ausland – ärgerte sich, weil der andere, den er eher als Hilfskraft denn als Nachfolger Jacobsohns sah, seinen eigenen Weg ging und sich nicht dirigieren ließ.

»Ich habe den lebhaften Eindruck, zu stören«, beschwerte er sich während eines Berlin-Besuches in einem Brief an Mary. Ossietzky möge ihn nicht und »ich ihn nicht mehr. Behandelt mich um die entscheidende Nuance zu wenig respektvoll. Kriegt auf den Kopf!«

Das klingt mehr nach einem trotzigen Kind als nach einem ernst zu nehmenden Kritiker, und die prophezeite Auseinandersetzung kann so schlimm nicht geworden sein. Für Tucholsky jedenfalls endete sie mit einem brieflichen Achselzukken. Der andere sei eben ein »Trockner«, zu dem er »wenig Verhältnis« habe. Ein halbes Jahr lang gab es kaum einen Brief an Mary oder an Lisa Matthias ohne irgendeine Beschwerde über Ossietzky.

Es sei ganz falsch, daraus eine grundsätzliche Abneigung lesen zu wollen, meint Rudolf Arnheim. »Der Tucholsky schimpfte doch über jeden, er war temperamentvoll und aufbrausend, aber das war am nächsten Tag vorbei.«

Einmal, 1928, habe ihn Tucholsky beiseite genommen und ihm erklärt, daß in einer Redaktion manchmal unfreundliche

Worte fallen »müßten«, daß »wir aber im Grunde sehr eng miteinander arbeiten und uns sehr respektieren.«

Damals hörten schlagartig Tucholskys Klagen über Ossietzky auf. Es begann die Zeit ihrer gegenseitigen Annäherung, zu der freilich weiterhin Meinungsverschiedenheiten gehörten, wie sie immer und überall auftauchen, wo Menschen zusammenarbeiten für ein politisches Ziel.

»Hat es schon mal einen Knatsch gegeben?« sollte Tucholsky 1932 in einem seiner letzten Briefe an Ossietzky fragen. »Es wird auch keinen geben.«

Nachgeborene Biographen haben Tucholsky Äußerungen über Ossietzky in den Briefen an Mary und Lisa Matthias wohl ernster genommen als er selbst.

Carl von Ossietzky, 1930

4. Kapitel
»Wir sind gewöhnt an Ihre leise, freundliche Leitung«
Ossietzky als Weltbühnenleiter

»Die redaktorische Leidenschaft fehlte ihm völlig, er entdeckte nicht, er regte nicht an, er zog keine Linie. Unter Ossietzky redigierte die WELTBÜHNE gleichsam sich selbst.« Dieses Bild von Ossietzky als Redakteur zeichnet Kurt Hiller in seinen Erinnerungen. Biographen kolportierten es, ohne viel zu fragen.

Hiller wäre 1927 selbst gerne Nachfolger Tucholskys geworden. Auf diesen Gedanken kam außer ihm selbst keiner, denn er galt als »zänkische alte Jungfer«, so Tucholsky, mit der man nicht zusammenarbeiten konnte. Trotzdem hoffte er bis zu dem Moment, da er hörte, Ossietzky sei Weltbühnenleiter. Da »starb nicht allein meine kurze Hoffnung, sondern beinah ich selber. Denn Ossietzky und ich waren seit 1924 spinnefeind.« Er, Hiller, hätte natürlich alles viel besser gemacht als Ossietzky. Er hätte dem Blatt eine – seine – politische »Linie« verpaßt, eine kritisch-marxistische Linie, die einzig richtige.

Ossietzky? Der sei ohne Konzept gewesen, »als Denker unzulänglich«. Er, Hiller, hätte der WELTBÜHNE das »Ziel aufstekken« müssen: Die Einigung aller sozialistischen Kräfte gegen den Nationalsozialismus.

Hat Hiller, als einziger Denker weit und breit, als der er sich fühlte, denn niemals Ossietzky gelesen?

Aus der Spinnefeindschaft jedenfalls erwuchsen Hiller keine Nachteile. Er durfte in der WELTBÜHNE publizieren, soviel und so oft er nur wollte.

Hillers Texte redigieren – das war unmöglich, erinnert sich Rudolf Arnheim. Das hätte der eigensinnige Publizist niemals zugelassen. Ein einziges Mal habe die Weltbühnenredaktion einen Aufsatztitel ändern wollen, der lautete: »An die Insassen der Marmelade«, und mit dem gemeint war: Die im Mustopf sitzen. Hiller sei deswegen »wild« geworden, und dann habe man eben die »Insassen der Marmelade« gedruckt.

Die Freiheit seiner Mitarbeiter war Ossietzky heilig, hatte er doch selbst bittere Erfahrungen mit selbstgerechten Redakteuren gemacht. Er verstand seine Zeitschrift als freie »Tribüne« der linken Schriftsteller in der Republik. Er verlangte druckfertige Artikel von ihnen, wie er sie von sich selbst verlangte. Textänderungen kamen bei den bewährten Mitarbeitern gar nicht in Frage.

Zum Beispiel Alfred Polgar, der schrieb seine Artikel in Wien oder sonstwo. Sie durften erst gedruckt werden, wenn er die Fahnen selbst kontrolliert hatte. Irgendwann vertraute er Arnheim die Korrektur an, aber das fertige Produkt durfte keinen Strich vom Original abweichen.

Alle paar Wochen kam ein Gedicht von Kästner, eine kleine Kostbarkeit, die stets so veröffentlicht wurde, wie sie war. Niemand hätte es gewagt, die Beiträge von Tucholsky mit ihrer eigenwilligen Sprache anzurühren. Wenn er etwas ganz Ungewöhnliches wollte, unterstrichelte er es, um zu zeigen: Das ist so gemeint.

Beiträge von neuen Autoren oder von Experten, die tatsachenschwer, aber schlecht schrieben, wurden dafür umso gründlicher redigiert.

»Werfen Sie mal einen kürzenden Blick darauf«, pflegte Ossietzky seinen jungen Redakteur zu bitten, wenn er selbst dem Berg von Manuskripten nicht mehr gewachsen war. Einmal riet er Arnheim: »Eine gute Methode zum Redigieren ist, wenn man die erste Seite wegwirft.« Die erste Seite brauche ein Autor, um sich einzuschreiben. Den besseren Anfang, den Einstieg in die Sache, finde man meistens auf der zweiten Seite. Rudolf Arnheim zeichnete 1932, an Ossietzkys 43. Geburtstag, ein liebevolles Bild des Weltbühnenleiters, der damals wegen angeblichen Landesverrats im Gefängnis saß: »Sie bevorzugen Bleistiftstummel, wo andere nicht ohne ein Prunktintenfaß mit silbernem Rotstift auskommen. So ohne Aufwand und ohne Feierlichkeit tun Sie ja Ihre wichtige Arbeit ... Wir sind gewöhnt an Ihre leise, freundliche Leitung, Ihre Heiterkeit, Ihre schnellen Einfälle...«

Tucholsky – im Ausland – hat davon wenig spüren können. Er fühlte sich von dem anderen vernachlässigt und bedrängt zugleich: »Ossietzky mahnt bereits ... Ich bin leer wie ein altes Faß«, klagte er Mary. Der neue Weltbühnenleiter nahm keine Rücksicht auf Stimmungs- und Produktivitätstiefs. Er forderte Woche für Woche neue Beiträge ein, die er brauchte, um das neue Heft der WELTBÜHNE zu füllen.

War es ein versteckter Seitenhieb gegen ihn, als Tucholsky Ende 1927 in einem Gedenkaufsatz zum ersten Todestag Jacobsohns über den »Durchschnittsredakteur« räsonnierte: Dem fehle es an Geduld, er wolle immer alles »gleich« haben, und zwar perfekt. Er begreife nicht, daß »Gutes« langsam wachsen müsse, unter redaktorischer Obhut, tastend versucht, im Gespräch vervollkommnet. In Briefen an Mary und Lisa Matthias wurde er deutlicher, nannte Ossietzky lethargisch, gar faul. Die Biographen lasen daraus: Der Weltbühnenleiter habe sich mehr um den Glanz der eigenen Leitartikel als um die Gestalt des ganzen Blattes gekümmert.

Tucholsky selbst änderte seine Meinung über Ossietzky bald, nachdem er den persönlichen Mißerfolg, die verletzte Eitelkeit, auch die Eifersucht überwunden hatte.

Aber Tucholsky war doch einer, der offen über seine eigene Schwäche sprach und schrieb? Ja, aber nur über solche, die er witzig fand. Von Herzen klagen mochte er nur vor den Frauen, die ihn liebten. Aber er offenbarte sich nicht, er jammerte nur.

Gerade deshalb ist es ihm hoch anzurechnen, daß er allein um innere Klarheit rang.

In späteren Jahren nannte er Ossietzky stets einen würdigen Nachfolger Jacobsohns, der dem Blatt einen »gewaltigen Auftrieb« gegeben habe.

Für den 24jährigen Rudolf Arnheim, den »jungen Mann« bei der WELTBÜHNE, war der 14 Jahre ältere Ossietzky ein idealer Redakteur, wie einst Jacobsohn für Tucholsky.

Unter seiner Leitung konnte er sich frei entfalten, gestaltete selbständig den Kulturteil der Zeitschrift und durfte schreiben, wie und was er wollte.

Jede Nummer hatte ein eigenes Leben, die Zeit in all ihrer Vielfalt spiegelte sich darin. Dabei war nach strengen Regeln komponiert, was leicht zusammengefügt erscheint.

»Wir, seine Mitarbeiter und Mitredakteure, wissen«, erinnerte sich 1945 Ossietzkys Redaktionsassistent Walther Karsch, »wie er jedes Mal wieder ... den angesichts der politischen Hochspannung fast aussichtslos erscheinenden Kampf auf sich nahm, die rechte Grundmelodie zu finden, auf die das Heft abgestimmt werden sollte, wobei auch die letzte Glosse unter dem unerbittlichen Gesetz der Form stand.«

Die ossietzkyschen Leitartikel waren es, die – abgestimmt auf die politische Notwendigkeit – den Ton angaben in der Melodie der WELTBÜHNE. Der gute Stil war Voraussetzung für Wirkung und nicht Selbstzweck, nicht eitle Formspielerei.

Es gibt kaum eine Ausgabe des Blattes aus den Jahren 1927 bis 1933, die nicht mit einem politischen Artikel Ossietzkys eingeleitet wird. Nicht alle seine Beiträge sind brillant – das gilt besonders für die aus der ersten Zeit, als er noch einen Weg suchen mußte für sich und die Zeitschrift. Da referierte er lediglich die Ereignisse der Woche, da konzentrierte er sich noch nicht auf das Wesentliche. Manchmal schrieb er sechs und mehr Seiten voll.

In späteren Jahren brachte er es zu einer journalistischen Perfektion, von der Rudolf Arnheim noch heute schwärmt. Die ersten vier Seiten der Zeitschrift waren reserviert für den Leitartikel. Die dritte und vierte Seite gab Ossietzky am Samstagmorgen zusammen mit dem übrigen Heft in Satz. Dann hockte er sich in ein kleines Café, wertete die neuesten Zeitungsnachrichten aus, und bis zum Mittag waren die beiden ersten Seiten fertiggeschrieben – mit dem Bleistift auf Papierbögen im Weltbühnenformat. Und stets waren es genau zwei Seiten im Druck, und der letzte Satz schloß an den ersten Satz der schon gesetzten dritten Seite an.

Das machte er immer so, Woche für Woche.

Dabei gelang es ihm, die trockene, alltägliche Politik einzuordnen in den Verlauf der Geschichte und in den »großen Kreis der Kultur.« Der junge Arnheim machte ihm das größte Kompliment, das es für einen Journalisten geben kann:

»Sie haben den Unpolitischen den Geschmack an der Politik beigebracht, weil Sie Ihre Gedanken nicht im Fachjargon, sondern in einer Sprache vortragen, in der man auch über Blumen, Musik und Frauen schreiben kann. (Wie Sie auch dies verstehen, das zeigen Sie leider zu selten.)«

5. Kapitel

»... der Besuch war wichtig.«

Annäherung

»Im fröhlichen Herbst, als ich mit unserm Carl von Ossietzky in Würzburg beim schweren Steinwein saß ...«, so freundlich-entspannt leitete Tucholsky Anfang 1928 eine Buchrezension für die WELTBÜHNE ein und fand ein paar heiße Lobesworte für eine Polemik des Weltbühnenleiters gegen den Schriftsteller Bruno Frank.

Und Ossietzky? Der hat den anderen wohl immer gemocht. Seine Tochter Rosalinde weiß noch, daß bei ihr zu Hause stets in einem freundlichen, warmen Ton von Tucholsky gesprochen wurde. Einmal sei der ewig Reisende zu Besuch gekommen. »Und die Freude war riesengroß, weil das so ein Ereignis war, weil er ja nicht immer in Deutschland war.«

Sie durfte auf seinem Arm sitzen.

»Ich erinnere mich noch genau an den Tweed von seiner Jacke, weil das so etwas Besonderes war ... Und da saß ich. So.«

Von Ossietzky ist kein einziges böses Wort über den anderen bekannt, während es der guten Worte viele gibt – zum Beispiel in seiner wunderbar einfühlsamen Rezension von Peter

Abb. links: Kurt Tucholsky, etwa 1934

Panters Pyrenäenbuch: »Es ist ein seltsames Buch, so ganz persönlich und apart geschrieben... Hier hat ein Einzelner Augen und Ohren gebraucht. Ein Einzelner.«

So schrieb Ossietzky 1927 über Tucholsky, als »kritischer Freund« und »gewissenhafter Buchbesprecher.«

In Tucholskys Briefen tröpfelte es noch manche Klage, wie langweilig Ossietzky sei und mit ihm die WELTBÜHNE: »... es ist eine traurige Hinzieherei ohne Sinn und Verstand. Ich wünsche, ich hätte was andres.«

Aber so sah er ja alles und jeden, wenn ihn der Weltschmerz packte.

Die WELTBÜHNE brauchte ihn, ihren berühmtesten Schriftsteller, und er brauchte die WELTBÜHNE. Für wen sonst sollte er schreiben? Gewiß, da waren die bürgerlichen Blätter wie die VOSSISCHE ZEITUNG, die ihn wegen seiner Popularität umwarben, aber die belieferte er nur des Geldes wegen.

Und die kommunistische AIZ? Für die arbeitete er gern und engagiert, aber vereinnahmen lassen wollte er sich nicht. Er war und blieb auch in den Jahren seiner Annäherung an die KPD ein unabhängiger Linker. Und für die gab es in der Weimarer Republik nur eine Zeitschrift, in der sie ohne Zensur unterschiedliche politische Ansichten, Hoffnungen und Ängste zum Ausdruck bringen konnten: Ossietzkys WELTBÜHNE.

»Die WELTBÜHNE ist eine Tribüne, in der die gesamte deutsche Linke in des Wortes weitester Bedeutung zu Wort kommt; wir verlangen von unsern Mitarbeitern Klarheit, persönliche Sauberkeit und guten Stil...«.

Und: »... so habe ich das Blatt von meinem verstorbenen Lehrmeister Siegfried Jacobsohn übernommen, und so habe ich es an Carl von Ossietzky weitergegeben, der keinen Finger von dieser Richtung abgewichen ist.«

Das erklärte Tucholsky 1929 vor aller Öffentlichkeit, in der WELTBÜHNE.

Allmählich wuchs Zuneigung für Ossietzky in ihm.

Der Weltbühnenleiter sei »ein sehr zurückhaltender, sehr scheuer Mensch«, erklärte er in einem Brief an die Katholikin

Tucholskys Haus in Hindås, Schweden

Marierose Fuchs, die sich über Ossietzkys Artikel »Das lädierte Sakrament« beschwert hatte.

Nie und nimmer habe der den katholischen Glauben verspotten wollen, »nie«.

Das war Ende 1929, als Tucholsky selbst sich immer mehr von den Menschen zurückzog und nur noch selten den geselligen Clown spielen mochte; als er nach seiner Trennung von Mary die endgültige Flucht in die Einsamkeit, in das schwedische Dörfchen Hindås bei Göteborg vorbereitete, weil er die politische Wirklichkeit in Deutschland verabscheute und wußte, daß er dorthin nicht zurückkehren würde.

Dort besuchte ihn Carl von Ossietzky im Herbst 1930. Er wollte besprechen, was er brieflich nicht ausdrücken konnte. Es ging um die Zukunft der WELTBÜHNE, die in den letzten Jahren der Republik ständig vom Verbot bedroht war; deren Herausgeber wegen angeblichen Landesverrats vor Gericht gestellt werden sollte. Die beiden planten eine Verlegung der Redaktion nach Skandinavien, nach Kopenhagen, falls das Blättchen in Schwierigkeiten geraten würde. Das schrieb Ossietzky seiner Frau aus der dänischen Hauptstadt, und: »... der Besuch war wichtig.« Er habe sich von Tucholsky überreden lassen, ein paar Tage »länger zu bleiben«, und sie »quasselten« tagelang, »... es ist viel Wichtiges dabei.«

Es muß ein beklemmendes Gefühl für Ossietzky gewesen sein, den weltmännischen, lebhaften, witzigen Großstadtmenschen Tucholsky in seinem gottverlassenen kleinen Zufluchtsort anzutreffen, total isoliert.

»Hier ist es sehr einsam«, berichtete er Maud. »Ich sehe keine Häuser, keine Leute. Nicht einmal ein Friseur ist im Orte. Möglich, daß hinter den Bäumen oder oben auf noch Leute wohnen, gesehen habe ich sie nicht. Manches ist hier sehr komisch. Schwedisch ist einfach nicht zu verstehen. Auch Tucholsky kann kein Wort schwedisch und verständigt sich pantomimisch oder braucht dazu deutsche Worte, die man in Gesellschaft nicht sagt. Ich weiß noch nicht, wie lange ich bleibe.«

Der Besuch war der Beginn einer Freundschaft. Kein Wort der Klage verlor Tucholsky seitdem über den anderen, den er seinen Freund nannte. Sie hatten einander verstehen gelernt, das dokumentiert der Briefwechsel der beiden aus dem Jahre 1932.

»Wir hätten uns in diesem Augenblick bändevoll zu sagen«, schrieb Ossietzky dem Einsamen in Hindås im Mai 1932, wenige Tage, bevor er ins Gefängnis ging. »Was soll es? Sie haben eine deutliche Vorstellung von dem, was mir bevorsteht. Und ich weiß sehr gut, ... warum Sie diesen Bogen um die traute Heimat machen. Nur einen Wunsch aus heißem Herzen: verkrampfen Sie sich nicht, machen Sie aus Ihrem Leben keine Peter-Schlemihlgeschichte!«

Abb. oben: Blick aus Tucholskys Arbeitszimmer in Hindås.
Abb. links: Tucholskys Arbeitszimmer in Hindås.
Abb. rechts: Tucholsky und Gertrude Meyer, Gotland 1935.

6. Kapitel

Eine »Peter-Schlemihlgeschichte«

Tucholsky in Schweden

Peter Schlemihl? Peter Panter! Der lebenshungrige Heimatlose, der immer und ewig seinen Idealen hinterherrannte und dabei den Lebenssinn verlor; der vor dem Schatten der deutschen Wirklichkeit floh, zuerst nach Paris. Das tolerante, weltoffene Paris mit seiner Bastille und den Markthallen, mit seinen lebendigen, revolutionären Traditionen – für Tucholsky war es die Gegenstadt zu Berlin mit seinen preußischen Beamten, seiner Polizei, mit all den deutschen Spießern. Bis er die französischen Bürokraten kennenlernte, die Kleinbürger und die Unterdrücker im Lande der Revolution.

Und mit Siebenmeilenstiefeln eilte er nach überall und nirgendwo, von Frankreich in die Schweiz, aus der Schweiz nach Dänemark, von Dänemark nach Schweden und immer wieder in sein Berlin, das er haßte und doch liebte. Bis er Ende 1929 seine Villa in Hindås bezog.

Hell gestrichen liegt sie heute noch da, auf einer Anhöhe mitten im Ort, mit Blick auf einen See, so groß wie der Berliner Wannsee. Dahinter ein hoher dichter Wald. Zu Tucholskys Zeiten war das Haus ganz umgeben von hohen Tannen. Eine Steintreppe führte auf eine Terrasse, darüber thronte ein Balkon, von Säulen getragen. Im Erdgeschoß war ein riesiges Wohnzimmer mit Blick zum See, darüber das komfortable Arbeitszimmer mit Balkon und ein Schlafzimmer, außerdem viele kleine Kammern für Dienstboten oder Gäste.

Er lebte bürgerlich-gut, wie früher mit Mary in Frankreich. Nur, dort hatte er seine Freiheit gewollt; in der schwedischen Natur suchte er seinen inneren Frieden, abseits von allen Menschen.

Im Dorf wußte niemand, wer der Deutsche war. Er sollte ein Komponist gewesen sein, ein berühmter Komponist. So redeten die Leute, denn manchmal drangen Klaviertöne aus seinem Haus. Er zeigte sich selten draußen, galt als scheu und sonderbar.

Ein paar hundert Meter von der Villa entfernt lebte und lebt noch heute Gertrude Meyer-Prenzlau, Tucholskys letzte Lebensgefährtin. Sie war der einzige Mensch, mit dem er in den einsamen schwedischen Jahren noch sprach, der einzige Mensch, der ihm nahe war.

Ihre Mutter, eine deutsche Jüdin, hatte dafür gesorgt, daß ihre Tochter Deutsch wie eine zweite Muttersprache lernte und eine Weile in Deutschland lebte – in Berlin. Dort lernte Gertrude Meyer die WELTBÜHNE kennen, las Tucholsky, bewunderte ihn. Sie wußte genau, wer er war, als er im Winter 1929 in ihre Nachbarschaft zog. Und sie sagte sofort zu, als er sie bat, hin und wieder für ihn zu schreiben und zu übersetzen oder ihm auf dem Klavier vorzuspielen. »Das machte mir Spaß«, erklärt sie, »er hatte einen kolossalen Charme als Mensch – ich fand ihn sehr charmant und liebenswürdig.«

An einem Tag im Jahre 1930 ging sie zum ersten Mal zu ihm. An seiner Tür hörte sie fröhliche Klaviermusik, ein Liebeslied. Das Dienstmädchen öffnete, und er kam ihr entgegen. Er war etwas dick, und das gefiel ihr genauso wie sein welliges kastanienfarbenes Haar, und sie fand: »Er hat wunderschöne braune Augen.«

Zunächst besuchte sie ihn einmal in der Woche, dann ging sie häufiger hin, und bald war sie jeden Tag bei ihm. »Wir sind zuerst fast immer spazieren gegangen. Und er als Deutscher aß Mittag um ein Uhr, dann, nachmittags, hat er Briefe geschrieben, und ich habe für ihn meine schwedischen Zeitungen übersetzt. Dabei hat er geraucht und Whisky getrunken oder Rotwein. Er liebte ja Rotwein – eine gefährliche Liebe.«

Der Fremde und die Schwedin sprachen über deutsche Literatur, über deutsche Politik und immer wieder über sein Berlin, nach dem er sich sehnte. »Er gehörte ja eigentlich zu Deutschland, ja, er gehörte zu Berlin, vollkommen zu Berlin«, meint Gertrude Meyer.

Meistens redeten sie Deutsch miteinander, manchmal Französisch, niemals Schwedisch.

Die Sprache seines selbstgewählten Exillandes mochte er nicht. Er empfand sie als unmelodisch und schwerfällig. Und die Menschen? Die waren ihm viel zu langweilig. »Liebe Leute, die Schweden«, schrieb er 1935 an seine schweizer Freundin Hedwig Müller, »die Weiber aus Holz, die Männer aus Mehl und alle zusammen aus Grütze.«

Warum floh der lebhafte Weltmann Tucholsky ausgerechnet in dieses Schweden, in dem ihn keiner kannte und verstand, in dem die Menschen freundlich, aber kühl mit Fremden umgehen und immer Distanz halten?

Natürlich, er liebte das Meer und die nordische Landschaft, die ihn an seine Kindheit in Stettin erinnerte.

Das Klima tat ihm wohl. Es linderte seine schmerzhafte Nasenkrankheit, mit der er sich seit Beginn der Zwanziger Jahre herumquälte.

In Schweden hatte er 1929 einen langen, schönen Urlaub verbracht. Dort war »Schloß Gripsholm« entstanden, der Traum von der inneren Erlösung in einer unverdorbenen Natur, weit weg von den Städten; und »Deutschland, Deutschland über alles!«, eine bitterböse Abrechnung mit der Weimarer Republik, die mit einer Liebeserklärung an Deutschland endet: »Nun haben wir auf 225 Seiten Nein gesagt ... Nein aus

Liebe, Nein aus Haß ... – und nun wollen wir auch einmal Ja sagen. Ja – : zu der Landschaft und zu dem Land Deutschland. Dem Land, in dem wir geboren sind und dessen Sprache wir sprechen. Der Staat schere sich fort, wenn wir unsere *Heimat* lieben. Warum gerade sie – warum nicht eins von den andern Ländern? Es gibt so schöne. Ja, aber unser Herz spricht dort nicht ...«

Geschrieben war das in jenem Jahr, als die Weltwirtschaftskrise begann. Die Nationalsozialisten gewannen täglich an Boden. Der Straßenterror der SA vergiftete das politische Klima. Tucholsky bekam das während einer Vortragsreise durch Deutschland am eigenen Leibe zu spüren.

Wieder und wieder erlebte er die Gewalttätigkeiten der Rechtsradikalen; einmal schlugen sie einen Zuhörer zusammen, den sie mit dem verhaßten Schriftsteller verwechselt hatten. Seitdem wußte er, daß die deutsche Demokratie verloren war und daß all sein Schreiben sie nicht retten konnte. »... da habe ich begriffen«, schrieb er wenige Tage vor seinem Selbstmord an Arnold Zweig, »und von da ab bin ich immer stiller geworden. Mein Leben ist mir zu kostbar, mich unter einen Apfelbaum zu stellen und ihn zu bitten, Birnen zu produzieren.« Aber er litt, litt körperlich und seelisch unter dem unaufhaltsamen Niedergang der Republik, die sich aufzugeben begann, bevor sie angefangen hatte zu leben. Vielleicht konnte deshalb kein Arzt seine Nasenkrankheit heilen, von der Ossietzky einmal vermutete, sie sei nur der Feind, den jeder Mensch im Leben brauche. Tucholsky fühlte sich nie gesund, nie frei. »Ich bin sehr, sehr überzeugt«, erklärt Gertrude Meyer, »daß der tiefere Grund für seine Krankheit war: Er liebte ein Deutschland, das eigentlich nicht vorhanden war.«

Aus enttäuschter Liebe floh er in ein Land, das ihm gleichgültig war und immer blieb.

»Hej!« Gruß und Abschied zugleich – der Gruß an sein Zufluchtsland Schweden ist der Abschied von den Kommunisten und allen Gruppen, die den Suchenden aufsaugen wollten, ihm inneren Frieden verhießen: »... warme Heimat: Herde.« Ja, es habe ihm offen gestanden, das »russische Haus« mit seiner Idee, aber auch mit seiner Dogmatik, seinem Nationalismus und seinem Sendungseifer. Der Gedanke an eine politische Heimat, an einen Lebenssinn, war verlockend gewesen, und doch:

> »›Hej!‹
> Bleib tapfer.
> Bleib aufrecht.
> Bleib du.
> Hör immer den Schrei:
> ›Hej!‹
> Laß dich nicht verlocken.
> Geh Deinen Weg ...«

Aber die Enttäuschung über die Kommunisten, seine letzte Hoffnung, wurde er nie mehr los. Die beiden Arbeiterparteien gegen »den Faschismus zusammenzukriegen, halte ich für aussichtslos«, schrieb er 1931 seinem Bruder Fritz, »sie sehen immer nur ihren Parteikram – was hat unsereins dabei zu suchen?« Für ein außenpolitisches Techtelmechtel der Sowjetregierung mit dem NS-Regime hatte er nur noch Verachtung übrig: »Wäre ich Kommunist: Ich spuckte auf diese Partei. Ist das eine Art, die Leute in der Tinte sitzen zu lassen, weil man die deutschen Kredite braucht?«

Die Arbeiterbewegung, die Linke überhaupt, hatte gegenüber dem Nationalsozialismus versagt. Tucholsky war unerbittlich in seiner Kritik, erklärte seine »Sache« für endgültig verloren. »Dann hat man als anständiger Mann abzutreten«, erklärt er Hasenclever. »... deshalb kann ich ein Buch schreiben – aber das ist aus.« Die Resignation endgültig.

Ein Buch schreiben – ein »selbständiges Buch«, wie er es sich seit langem erträumte –, das konnte er nicht. Mit der inneren Verbindung zum Geschehen und zu den Menschen verlor er auch die Kraft zum Schreiben. Sein Werk lebte von der Liebe zu Deutschland und von der deutschen Sprache.

Er haßte die Unterdrücker mehr als er die Unterdrückten liebte. Für wen hätte er also schreiben sollen?

Ossietzky beim Antritt seiner Gefängnisstrafe in Berlin-Tegel am 10. Mai 1932. Ihn begleiten die Rechtsanwälte Rudolf Olden (links) und Kurt Rosenfeld (rechts).

7. Kapitel
»Ich demonstriere durch den Strafantritt«

Ossietzky und der Weltbühnenprozeß

»Der Oppositionelle, der über die Grenzen gegangen ist, spricht bald hohl in das Land herein ... Wenn man den verseuchten Geist eines Landes wirkungsvoll bekämpfen will, muß man dessen allgemeines Schicksal teilen.«

Das erklärte Carl von Ossietzky in seinem Artikel »Rechenschaft« am 10. Mai 1932, dem Tage, als er ins Gefängnis ging. Er war wegen angeblichen Landesverrats vom Leipziger Reichsgericht zu anderthalb Jahren Haft verurteilt worden. Anlaß war ein Weltbühnenartikel aus dem Jahre 1929 von Heinz Jäger alias Walter Kreiser: »Windiges aus der Luftfahrt.«

In ihm wurde die illegale Aufrüstung der Luftfahrt angeprangert, die laut Versailler Vertrag verboten war und für die zivile Gelder zweckentfremdet wurden. Der Aufsatz diente nur als ein windiger Vorwand für den Landesverratsprozeß gegen die WELTBÜHNE und gegen Carl von Ossietzky. Die angeblichen militärischen Geheimnisse waren längst in der Fachpresse veröffentlicht worden. Unter dem Druck des Reichswehrministers Groener, der gleichzeitig Innenminister war, vollbrachte das Reichsgericht das juristische Gaunerstück, den zum Verräter zu erklären, der die Vertrags- und Rechtsbrüche der Militärs angeklagt hatte. Die Richter, die den alten autoritären Kaiserstaat wiederhaben wollten und die Republik mit ihrer »Unordnung und Amoral« haßten, hatten einmal mehr bewiesen, daß sie die republikanischen Rechte nicht schützten, sondern beugten – für die Generäle, die letzten verbliebenen Autoritäten aus der guten alten Zeit. Es war gefährlich, sich der deutschen Justiz auszuliefern, die Tag für Tag politisch Unbequeme – Republikaner, Sozialisten, Kommunisten – aburteilte.

Ossietzkys Freunde und Kollegen rieten zur Flucht, denn das politische Klima in Deutschland verschärfte sich. Die Nationalsozialisten drängten lautstark zur Macht und drohten, alle politischen Gegner zu vernichten, vor allem linke, intellektuelle Hetzer, »die Tucholskys und Ossietzkys«. Tucholsky telefonierte nach der Urteilsverkündung mit dem Freund, beschwor ihn, zu fliehen, fand ihn »viel zu anständig«. Das sei ein sinnloses Opfer.

Es ist viel darüber gerätselt und geschrieben worden: Weshalb floh Ossietzky nicht, als noch Zeit war?

Die Gesinnungsgenossen aus dem WELTBÜHNE-Kreis hatten mit dem eigenen schlechten Gewissen zu kämpfen, so Tucholsky in einem Brief an Rudolf Leonhard: »... der Junge sitzt für meine große Schnauze mit, da ist kein Zweifel.« Manche mystifizierten ihn als Märtyrer, als Heiligen der Republik. Tucholsky, Arnold Zweig, Ludwig Marcuse und andere sahen seine Entscheidung eher kritisch. Welchen Sinn sollte solch ein Opfer haben? Warum ließ er sich matt setzen, statt draußen weiterzuschreiben?

Die Wahrheit ist konkret und simpel: Da war das Urteil »Landesverrat«, unter dem Ossietzky litt; besonders nachdem Walter Kreiser, der vor Prozeßbeginn nach Frankreich geflohen war, sämtliche Informationen über die Hintergründe der Verurteilung an das antideutsche L'ECHO DE PARIS verkauft hatte. Würde er selbst nun auch noch ins Ausland gehen, könnte

Ossietzky mit den Anwälten Rudolf Olden (links) und Kurt Rosenfeld (rechts)
vor Antritt seiner Gefängnisstrafe in
Berlin-Tegel am 10. Mai 1932.

die gesamte Rechte triumphieren: Also doch Landesverräter! Er und die WELTBÜHNE wären für alle Zeit politisch unglaubwürdig. Eigentlich ging es um die WELTBÜHNE; deren »Stimme kann nur Klang behalten, wenn ihr verantwortlicher Herausgeber seine ganze Person einsetzt und dann, wenn es ungemütlich wird, nicht die bequemere Lösung wählt, sondern die notwendige.« Das erklärte er in »Rechenschaft«.

Aber es gab auch ganz private Gründe: Ossietzky war nicht frei und ungebunden wie Tucholsky, Mehring, Marcuse und viele, die zur Flucht rieten. Er hatte eine kleine Tochter, und er hatte eine empfindliche Frau, die oft krank war, die das Leben im Exil schwer verkraftet hätte. Und ihm fehlte das Geld für eine Emigration. Von seinem knappen Redakteursgehalt hatte er nichts ansparen können, und für lukrative Nebenverdienste war ihm als Weltbühnenleiter nie die Zeit geblieben.

Emigration – das sagte sich so leicht.

Wovon hätte er, der zeitlebens lieber gehungert hatte als Geldgeschenke anzunehmen, im Ausland seine Familie ernähren sollen?

Über ein Leben in der Emigration machte er sich keine Illusionen. Wohin hätte er sich wenden können? Er gehörte keiner politischen Partei an, er wäre draußen zur Isolation und zur politischen Unwirksamkeit verdammt gewesen; viel mehr noch als der Schriftsteller Tucholsky. Die Tagespolitik war sein Metier, er kommentierte, analysierte, kritisierte das, was in Deutschland, in seiner Republik geschah. Wie hätte er das von draußen tun sollen? In »Rechenschaft« erklärt er: »Der ausschließlich politische Publizist namentlich kann auf die Dauer nicht den Zusammenhang mit dem Ganzen entbehren, gegen das er kämpft, für das er kämpft, ohne in Exaltationen und Schiefheiten zu verfallen.«

Es war eine nüchterne Rechnung: Im Vergleich zu dem Schicksal eines politischen Emigranten schien Ossietzky das eines politischen Gefangenen der Weimarer Republik erträglicher. »Daß ich hier geblieben bin, rührt aus meiner eigenen Entscheidung«, schrieb er im Juli 1932 an Tucholsky. »Das ist größtenteils Raison, Überlegung, daß der andre Ausweg nichts bessert.«

Und er deutete ganz private Überlegungen an, die mit Frau, Kind und finanzieller Situation zusammenhingen. »Was es sonst noch ist, werde ich Ihnen einmal mündlich sagen.«

Ossietzky habe aus einer »ebenso hochherzigen wie fatalen und selbstmörderischen Mischung von nationaler Würde und herrenhaft-menschlichem Anstand« heraus gehandelt, aus »staatstreuer, aufrechter Gesinnung« – so bombastisch schreibt fast 50 Jahre später Gerhard Zwerenz daher. Ossietzky war schlicht. Als Tucholsky ihm gestand, er fände seine »Loyalität« gegenüber den Militärs und der Justiz »übermenschlich«, antwortete er klar und knapp: »Natürlich gehe ich nicht ins Gefängnis, um eine ›Strafe‹ loyal abzusitzen. Was ich tue, ist eine bestimmte Art, den Fall zu behandeln, eine Maßnahme also. Ich füge mich nicht, ich demonstriere eben durch den Strafantritt. Eine Flucht hätte mir die Möglichkeit aus der Hand genommen. Übrigens ..., verlassen bin ich nicht.«

Die Weltbühne

Der Schaubühne XXVIII. Jahr

Wochenschrift für Politik · Kunst · Wirtschaft

Begründet von Siegfried Jacobsohn

Unter Mitarbeit von Kurt Tucholsky
geleitet von Carl v. Ossietzky

Erscheint jeden Dienstag

XXVIII. Jahrgang   10. Mai 1932   Nummer 19

Versandort Potsdam

Verlag der Weltbühne

Charlottenburg · Kantstrasse 152

8. Kapitel

»Ich kann das nicht Taktik nennen, sondern einfach Vernunft ...«

Briefwechsel zwischen Tucholsky und Ossietzky

1932 waren Reichspräsidentenwahlen. Kanzler Brüning wünschte sich die Wiederwahl des greisen kaisertreuen Generalfeldmarschall von Hindenburg; jenes uralten Mannes, der ein knappes Jahr später im Auftrag großer Industrieller, bürgerlicher Parteiführer und mächtiger Reichswehrgeneräle Hitler zum Reichskanzler ernennen sollte. Und die SPD, die das rechtsbürgerliche Kabinett Brüning als »kleineres Übel« toleriert hatte, zog mit.

Doch das war nicht von vornherein klar gewesen. Der Reichspräsident Paul Löbe und der preußische Ministerpräsident Otto Braun waren als sozialdemokratische Kandidaten im Gespräch. Aber die KPD kam den Sozialdemokraten zuvor, stellte unverzüglich ihren eigenen Parteivorsitzenden Thälmann auf und vereitelte damit das Zusammengehen mit der SPD. Ossietzky forderte die KPD auf, den Vorschlag zurückzuziehen und mit der SPD über einen gemeinsamen Kandidaten zu verhandeln. Vergeblich. Zu sehr war der Haß zwischen den beiden Arbeiterparteien in den Jahren gewachsen, als sozialdemokratische Minister Polizisten auf streikende Arbeiter gehetzt hatten; längst waren die Sozialdemokraten in den Augen der Kommunisten zu »Sozialfaschisten« verkommen. Zu tief klaffte der Abgrund zwischen SPD und KPD.

Alle bürgerlichen Parteien und Blätter, mit ihnen die SPD, plädierten für Hindenburg, den Kandidaten der Rechten – aus Staatsraison, um das »Schlimmste« zu verhüten.

Anders Ossietzky: In der WELTBÜHNE rief er zur Wahl Thälmanns auf.

Hindenburg als die Verkörperung des Kaiserreiches und des preußischen Militarismus, als Repräsentant einer Republik, die er vernichten wolle – das dürfe nicht länger sein, das dürfe kein Linker unterstützen. Warum stellten die Sozialdemokraten nicht Paul Löbe oder Otto Braun auf? Warum immer diese Politik des »kleineren« Übels? Wenn es keinen sozialdemokratischen Kandidaten gäbe, müsse er als Parteiloser eben den kommunistischen wählen.

Tucholsky aus Schweden signalisierte begeisterte Zustimmung. »Ich habe mich außerordentlich gefreut über Ihren Beifall«, antwortete Ossietzky. Aber die Entscheidung sei in Wirklichkeit sehr schwierig gewesen. In einer Zeit, in der das Blättchen ständig vom Verbot bedroht war, brachte es die gesamte nichtkommunistische Presse gegen sich auf. Theodor Wolff, der Chefredakteur des BERLINER TAGEBLATTS und Georg Bernhard, der Leiter der VOSSISCHEN ZEITUNG, empörten sich in ihren Blättern persönlich über das Eintreten der WELTBÜHNE für Thälmann. Ossietzky gestand Tucholsky, er habe bewußt taktiert, als er die Namen Löbe und Braun ausspielte, um schlimmere Angriffe von der sozialdemokratischen Seite abzuwehren. Wolff und Bernhard, die ihm beide »Prinzipienreiterei« vorgeworfen hätten, habe er erwidert, daß es um gar kein Prinzip mehr ginge; die bürgerliche Linke sei als »Macht« praktisch nicht vorhanden – ohne Programm, ohne Kandidaten. Sie könne nur noch den Entscheidungen der anderen hinterherlaufen, sei es nach links oder nach rechts. »Die Herren haben den Schritt nach rechts gemacht, WELTBÜHNE ging den

Schritt nach links ... mit Prinzip hat das überhaupt nichts zu tun. Um für unser Prinzip zu arbeiten, müssen wir alle auf neuem Boden neu anfangen.«

Tucholsky dankte postwendend für den Bericht, »der mein Herz erfreut hat. Dazu: In der Wahlkampf-Sache bin ich mit Ihnen bis ins letzte Komma einverstanden. Sie sind, soweit ich das überblicken kann, der einzige deutsche Publicist, der überhaupt die Frage aufgeworfen hat: ›Ja, was wird denn, wenn Hindenburg gewählt wird?‹ ... Bravo und bravo und nochmals bravo zu Ihrer Haltung!«

Das war im März 1932, als Ossietzkys Gnadengesuch auf Hindenburgs Schreibtisch lag. Der Weltbühnenleiter votierte trotzdem gegen den greisen Reichspräsidenten, den er »große alte Null« nannte, beliebig einsetzbar im Spiel der Reaktion um die Macht. Er wußte, daß er damit jede Aussicht auf eine Begnadigung vertat. Und doch wünschte er in jenen ersten Monaten des Jahres 1932 nichts sehnlicher, als der Gefängnishaft zu entgehen, die eine »tiefe Furche« in sein Leben ziehen würde. Das gestand er im März 1932 seiner Frau. Bange Hoffnung mochte er gehegt haben, als er am Tag vor den Reichspräsidentenwahlen Tucholsky mitteilte, daß die Begnadigungsakten bei Hindenburg »gelandet« seien. »Was nun wird, mag der liebe Gott wissen ... Wird Hindenburg wiedergewählt ... Eine der ersten Leistungen des frischgewählten Regimes dürfte dann die Ablehnung der Begnadigung sein ..., aber erstens für Hindenburg eintreten, dann die Amnestie kassiert, das wäre, by Jove, eine grauenhafte Blamage, und ich könnte mich in Europa für einige Zeit nicht mehr blicken lassen.«

Der 13. März 1932 brachte die Entscheidung: Der Generalfeldmarschall würde zum zweiten Mal Reichspräsident werden. Sozialdemokraten und Bürgerliche feierten die angebliche Rettung der Republik. Und knapp drei Wochen später hielt Ossietzky die Ablehnung des Begnadigungs-Gesuchs in den Händen.

Bis zu seinem Haftantritt blieben nur noch wenige Wochen, in denen er die WELTBÜHNE auf seine Abwesenheit vorbereiten mußte. Es schien, als habe der Druck der Ereignisse die beiden Freunde weiter aufeinander zugetrieben, sie zu einer Offenheit gezwungen, die sie als Männer ihrer Zeit sonst nur gegenüber geliebten Frauen wagten. Ihr Briefwechsel aus dem Jahre 1932, der von Gertrude Meyer aufbewahrt wurde, zeugt von intensiven politischen Gesprächen, von scharfer gegenseitiger Kritik, von unendlichem Vertrauen und von übermenschlicher Hilfsbereitschaft.

»Sollte ich doch noch im Laufe der nächsten Zeit freikommen ... so müssen wir uns irgendwo sehen ...« So endet Ossietzkys letzter Brief aus dem Gefängnis an den Freund im Dezember 1932. Doch für ein Treffen sollte ihnen keine Zeit mehr bleiben: drei Monate später nahm die Gestapo Ossietzky in Schutzhaft. Über diesen Briefen liegt der Schatten einer unerfüllten Freundschaft.

Und immer wieder ging es um die alten Probleme: Tucholsky kritisierte aus dem Ausland und konnte nicht richtig landen. Resigniert, weil Ossietzky auf seine Anmerkungen zu den verschiedenen Ausgaben der WELTBÜHNE niemals einging, schickte er seine Briefe an den Redaktionsassistenten Karsch. Der Weltbühnenleiter fühlte sich übergangen, und Tucholsky mußte beschwichtigen. Er habe dem anderen nicht zur Last fallen wollen, da er ja doch niemals Zeit für die tucholskyschen Randbemerkungen erübrigen könne. Nie und nimmer habe er ihn ausschalten wollen: »Wieviel Jahrhunderte müssen wir noch zusammen machen, ehe Sie merken, daß ich nicht aus der Reihe tanze und daß wir alles miteinander bereden können.«

Tucholsky war gegen Hellmut von Gerlach als Stellvertreter Ossietzkys während dessen Haftzeit; er fand Gerlachs Artikel fad und ohne politisches Profil; und er versuchte zu intervenieren. Ossietzky blieb hart: Kein anderer habe den Mut und die Erfahrung, diese Aufgabe zu übernehmen. Im übrigen solle Gerlach nicht verantwortlicher Redakteur werden, vielleicht würden neue Prozesse folgen, und es wäre gefährlich,

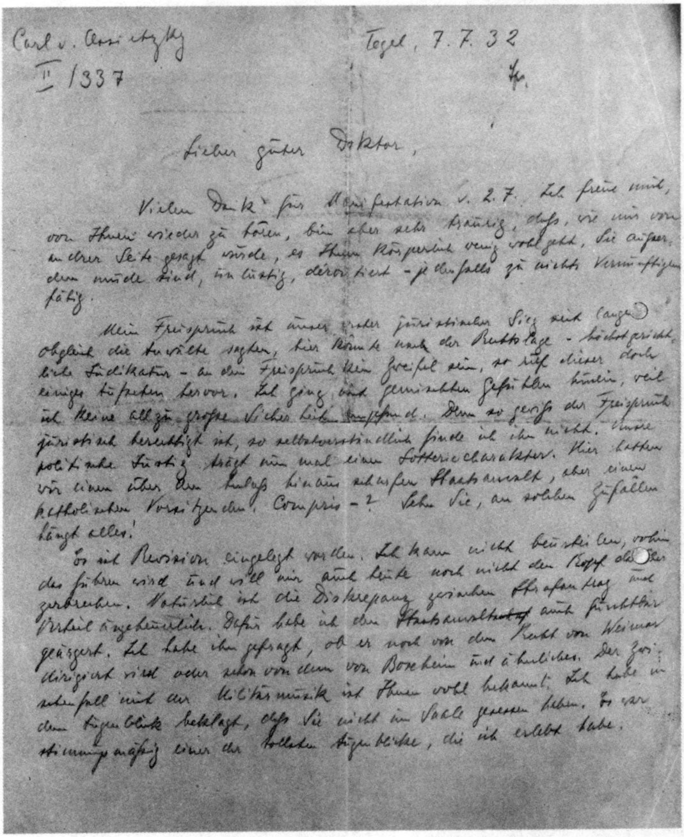

Carl v. Ossietzky
II 1337

Tegel, 7. 7. 32

Lieber guter Doktor,

Vielen Dank für Manifestation v. 2. 7. Ich freue mich, von Ihnen wieder zu hören, bin aber sehr traurig, daß, wie mir von anderer Seite gesagt wurde, es Ihnen körperlich wenig wohl geht, Sie außerdem müde sind, unlustig, deroutiert – jedenfalls zu nichts Vernünftigem fähig.

Mein Freispruch ist unser erster juristischer Sieg seit langem. Obgleich die Anwälte sagten, hier könnte nach der Rechtslage – höchstgerichtliche Judikatur – an dem Freispruch kein Zweifel sein, so rief dieser doch einiges Aufsehen hervor. Ich ging mit gemischten Gefühlen hin, weil ich keine allzu große Sicherheit empfand. Denn so gewiß der Freispruch juristisch berechtigt ist, so selbstverständlich finde ich ihn nicht. Unsere politische Justiz trägt nun mal einen Lotteriecharakter. Hier hatten wir einen über den Anlaß hinaus scharfen Staatsanwalt, aber einen katholischen Vorsitzenden. Compris–? Sehen Sie, an solchen Zufällen hängt alles!

Es ist Revision eingelegt worden. Ich kann nicht beurteilen, wohin das führen wird und will mir auch heute noch nicht den Kopf darüber zerbrechen. Natürlich ist die Diskrepanz zwischen Strafantrag und Urteil ungewöhnlich. Dafür habe ich den ~~Staatsanwalt~~ auch fürchterlich geärgert. Ich habe ihn gefragt, ob er noch von dem Recht von Weimar dirigiert wird oder schon von dem von Boxheim und Ähnliches. Der Zwischenfall mit der Militärmusik ist Ihnen wohl bekannt. Ich habe in dem Augenblick beklagt, daß Sie nicht im Saale gewesen sind. Es war stimmungsmäßig einer der tollsten Augenblicke, die ich erlebt habe.

Brief Ossietzkys an Tucholsky aus dem Gefängnis – 7. Juli 1932

»eine leitende Person nach der anderen an die Justiz abzugeben.« Gerlach sei kein brillanter Schreiber, aber ein tapferer Redakteur. Auch über die Anwerbung des Theaterkritikers Herbert Ihering für die WELTBÜHNE gab es Meinungsverschiedenheiten. Tucholsky lehnte Ihering, den großen Brecht-Förderer, ab. Brecht sei ein guter Dichter, fand er, aber ein schlechter Stückeschreiber, dazu politisch unwahr und ein Plagiator obendrein. Der »Brecht-Kult« der letzten Jahre der Weimarer Zeit war ihm ein Greuel, und Ihering bei der WELTBÜHNE, das wollte er nicht. Es gäbe nur noch wenige Schreiber in der Republik, erwiderte Ossietzky, die politisch und stilistisch das Niveau der WELTBÜHNE hätten, zu Ihering gäbe es keine Alternative, und er werde ihn schließlich engagieren, um Theateraufführungen zu besprechen, nicht um Brecht zu loben.

Beide diskutierten über Fritz Küster, den Pazifistenführer, und seine Zeitschrift DAS ANDERE DEUTSCHLAND.

Ossietzky hatte ihn mehrmals scharf attackiert und ihm vorgeworfen, die »Deutsche Friedensgesellschaft« gespalten zu haben. Küster, der Gründer der radikalpazifistischen Fraktion, hatte 1924 begonnen, die gemäßigten bürgerlichen und die sozialistischen Pazifisten – Ludwig Quidde, Helene Stökker, Walter Schücking, Kurt Hiller – aus der Leitung der DFG herauszudrängen, um selbst das Amt des »Sekretärs« zu übernehmen und eine unangefochtene Alleinherrschaft aufzubauen. Die reichte schließlich soweit, daß er den DFG-Mitgliedern das ANDERE DEUTSCHLAND gewissermaßen als Pflichtlektüre auferlegte. Ossietzky warf Küster vor, die Friedensbewegung gespalten und in die politische Isolation geführt zu haben. Küster revanchierte sich im ANDEREN DEUTSCHLAND mit scharfen Angriffen gegen die WELTBÜHNE und ihren Herausgeber. Das bedeutete auch: Er versuchte, sich in den Kreis der Weltbühnenleser hineinzudrängen.

Ossietzky bezeichnete ihn deshalb gegenüber Tucholsky als »rüden Geschäftsmann«, der ihm bei jeder Gelegenheit zu schaden versuche.

Zu einem Disput zwischen Tucholsky und Ossietzky kam

es schließlich wegen Hein Herbers; der Studienassessor hatte in einem Artikel im ANDEREN DEUTSCHLAND den Krieg als organisierten Massenmord und die Generäle als kalte Dirigenten außerhalb der Gefahrenzone angeprangert – und er war angeklagt worden, sollte vom Schuldienst suspendiert werden. Tucholsky wollte für ihn eintreten und tat es als Ignaz Wrobel in der WELTBÜHNE vom 19. April 1932. Ossietzky war sofort einverstanden – Herbers sei der »Idealist« des Küster-Kreises und habe sich gegenüber Gegnern immer anständig verhalten. Doch empfand er es als persönlichen Affront, daß der Freund bei der ungeliebten Konkurrenz für Herbers eintreten wolle. »Es hat mir einen kleinen Stich gegeben, daß Sie Herbers angeboten haben, im ANDEREN DEUTSCHLAND zu schreiben. War das nötig?«

Küster hatte Teile aus L'ECHO DE PARIS mit den Informationen Kreisers abgedruckt. Ossietzky und seine Anwälte sahen darin eine unerhörte Rücksichtslosigkeit, weil der Eindruck verstärkt wurde, der Weltbühnenleiter und die Pazifisten (wer unterschied die schon?) würden mit den französischen Nationalisten zusammenarbeiten. Ossietzky, dem der Vorwurf des Landesverrats ohnehin erheblich zu schaffen machte, tobte – nach eigener Aussage – vor Wut. Deshalb nahm er Tucholskys Bereitschaft übel, im ANDEREN DEUTSCHLAND zu schreiben. Die Angelegenheit regelte sich von selbst, weil Küsters Blatt für drei Monate verboten wurde.

An persönlichem Mut und politischer Standfestigkeit mangelte es dem Weltbühnenleiter nach seiner Verurteilung und in den bangen Wochen vor dem Haftantritt gewiß nicht. Dennoch schlug die WELTBÜHNE leisere Töne an, denn eine neue Notverordnung gegen die Pressefreiheit war erlassen worden, und über dem Blatt schwebte ständig die Verbotsdrohung. Aus dem sicheren Exil schrieb Tucholsky unbeirrt seine Beiträge, scharf und kompromißlos. Auf Anraten seines Rechtsanwaltes Alfred Apfel ließ Ossietzky einige Polemiken Tucholskys nicht abdrucken. Der reagierte gereizt: Was habe denn alle Vorsicht und Zurückhaltung bisher genützt? Ossietzky sei trotzdem nicht begnadigt worden. »Auf die sogenannte Taktik blase ich. Sie ja wohl auch.«

In der knappen Zeit bis zu Ossietzkys Inhaftierung mußte die künftige Haltung der Zeitschrift zur Zensur geklärt werden. Deshalb diskutierten die beiden offen und heftig: Wann wird Kompromißlosigkeit zu Radikalismus, wann Vernunft zur Anpassung?

Ossietzky fühlte sich von Tucholsky an seiner empfindlichsten Stelle getroffen, an seinem Selbstverständnis als Redakteur. Er glaubte, den versteckten Vorwurf des Opportunismus herauszulesen.

Ja, erklärte er dem unbequemen Freund im Exil, der Ton der Zeitschrift sei vorsichtiger geworden, aber nicht aus persönlicher Rücksichtnahme, sondern im Interesse des »Blattes, das Woche für Woche vom Verbot bedroht ist. Ich kann das nicht Taktik nennen, sondern einfach Vernunft...«

Jeder im Lande würde das genauso empfinden, und niemand käme auf die Idee, der WELTBÜHNE taktisches Verhalten vorzuwerfen.

Und doch quälte er sich mit Selbstvorwürfen. War es wirklich sein Recht, Tucholskys Beiträge zurückzuhalten? »Nur Gott und Apfel allein wissen, wie ich um diese Dinge gerungen habe«, gestand er dem Freund. Und: Er habe das vor einigen Monaten beanstandete »Beschlagnahmefreie Gedicht« abgedruckt, ohne auf irgendeinen Rechtsanwalt zu hören.

Tucholsky war entsetzt über die Wirkung seines Beschwerdebriefes. Gegen Fehleinschätzungen eines Advokaten habe er sich wehren wollen, aber Ossietzky Opportunismus vorzuwerfen, vom sicheren Ausland aus, das habe ihm ferngelegen: »... der Heiligenschein, mein Lieber, hat seine Berechtigung –, so haben Sie sich benommen. Sie, Ihre Artikel, das, was im Blatt stand – auch nicht der Schatten von Taktik.«

Trotzdem, Ossietzky zweifelte, rang nach einem klaren Standpunkt. »Das Ende der Pressefreiheit«, verkündete er in der WELTBÜHNE vom 29. März 1932. Der unerbittliche Feldzug der Generäle gegen die demokratische Presse habe Früchte getragen: Das Zensurgesetz hänge wie ein Damoklesschwert über den Redaktionen. Gefährlicher als die offene Staatszensur aber sei die stille Selbstkontrolle der Herausgeber und Redakteure, die um ihr Blatt fürchteten. Es gäbe kaum noch jemanden, der offen gegen die Militärs protestiere, so mancher richte sich schon ein auf das »Dritte Reich« und meide alles, was einem zukünftigen Reichskanzler Hitler mißfallen könne. Der Preis dieser Anpassung, wie jeder Anpassung: Langeweile, unsägliche Langeweile mache sich breit im deutschen Blätterwald. Schlapp würden sie schreiben, diese Redakteure mit der Schere im Kopf – ohne Überzeugungskraft.

In seiner »Rechenschaft« bezieht er eindeutig Stellung: »Die WELTBÜHNE ... wird so unabhängig bleiben wie bisher. ... Sie wird auch in diesem unter dem Elefantentritt des Faschismus zitternden Lande den Mut zur eigenen Meinung behalten.«

Und doch gab es weiterhin Auseinandersetzungen mit Tucholsky über den Ton des Blattes. Dabei war jedoch klar, ein für allemal klar, daß es nicht um inhaltliche Zurückhaltung ging, sondern um eine geeignete Form der Vermittlung. Die zu finden wurde für Tucholsky schwerer, je länger er sich im Ausland aufhielt. Ossietzky hielt seinen »Pamphletstil« in der angespannten Situation für ungeeignet. Eine »diplomatische Temperierung« könne nur aus der unmittelbaren Erfahrung der politischen Lage gelingen, sonst wirke sie »verwaschen«. Deshalb bat er den anderen um Zurückhaltung. Es komme nicht mehr darauf an, frech zu sein, sondern zu überzeugen. In diesem Sinne wünschte er sich zum Haftantritt einen Artikel von Tucholsky, klar in der Sache, aber gemäßigt im Ton.

Der Freund erklärte sich in seinem Beitrag »Für Carl v. Ossietzky« zwei Wochen nach der Inhaftierung noch einmal deutlich zu dem Konflikt: Ossietzky habe während seines Begnadigungsverfahrens gegen Hindenburg Stellung bezogen, das sei »genau das Gegenteil dessen, ... was man als Opportunismus bezeichnen könnte.«

Ins Gefängnis gehe der Freund »... für alle seine Mitarbeiter«.

Manuskript eines Artikels von Ossietzky, der am 27. Dezember 1932 unter dem Titel »Rückkehr« in der WELTBÜHNE erschien.

9. Kapitel

»Im Gefängnis gewesen zu sein, das ist ein großes Erlebnis«

Ossietzkys Hafterfahrungen

Ossietzkys Haftantritt wurde eine politische Demonstration gegen die Weimarer Justiz. Viele waren gekommen: Arnold Zweig, Erich Kästner, Alfred Polgar ... Die linken Intellektuellen jener Zeit hatten sich zu seinem Abschied versammelt. Ossietzky verließ sie mit dem Versprechen, nach anderthalb Jahren »ungebessert« aus dem Gefängnis zurückzukehren.

»Unter Hochrufen ging ich durchs Gefängnistor«, schrieb er am selben Tag, dem 10. Mai 1932, seiner Frau Maud. »Dieser Tag, der der traurigste hätte werden können, ist für mich der stolzeste meines Lebens geworden.«

Der Haftzeit sah er gelassen entgegen, mit beinahe akademischem Interesse.

»Im Gefängnis gewesen zu sein, das ist ein großes Erlebnis, das kein politischer Mensch aus seinem Dasein streichen möchte«, sollte er nach der Entlassung erklären.

Seine Rechtsanwälte hatten für ihn einige Sonderregelungen durchgesetzt. Er durfte schreiben und lesen, brauchte keine Häftlingskleidung anzuziehen. »Barbarisch« fand er das

Rauchverbot. Die karge Zelle, das schwer verträgliche Essen, den preußischen Gefängnisdrill – das konnte er ertragen.

Obwohl, »die Vorstellung, daß hier jemand viele Monate verbringt, ist doch phantastisch«, so erklärte er Maud.

Er machte sich große Sorgen um seine Frau in dieser Zeit. Es war Tucholsky, den er wenige Tage nach dem Haftantritt bat, sich ein wenig um Maud zu kümmern, die er in verzweifelter Stimmung zurückgelassen hatte.

Der Exilant in Schweden erfüllte die Bitte sofort. »Zunächst ein Händedruck«, schrieb er der Frau des Freundes. »Bitte schreiben Sie mir *immer*, wenn etwas besonders schief geht – was ich tun kann, soll getan werden.«

Ossietzky solle der Gefängnishaft eine gute Seite abgewinnen und endlich ein richtiges Buch schreiben, wofür er sich draußen doch nie die Zeit nähme. Keine Artikelsammlung – wie Tucholsky selbst sie regelmäßig zusammenzustellen pflegte –, nein, ein »selbständiges Buch«. Ob sie ihn nicht dazu anregen könne? »Ich habe ihm das bisher nicht geschrieben, das klingt so anmaßend.«

Noch eine weitere Bitte richtete der Gefangene an Tucholsky: ihm über die Einsamkeit in der Zelle hinwegzuhelfen, ihm zu schreiben und ihn auf dem Laufenden zu halten über die Entwicklung draußen. »Was ich am meisten fürchte, das ist: die geistige Verbindung zu verlieren und später in eine Situation zu geraten, die mir fremd erscheinen muß. Heute spüre ich zwischen mir und den Dingen schon die dicken Mauern, das muß ich überwinden.«

Aber der Einsame in Hindås konnte keinen Beistand leisten, er hatte die innere Beziehung zum politischen Geschehen und zu den Menschen selbst schon längst verloren.

Ossietzkys Strafregister-Auszug

Ossietzky am 1. Juli 1932 vor dem Schöffengericht
Berlin-Charlottenburg zwischen seinen Anwälten
Dr. Olden (links) und Dr. Apfel (rechts).

10. Kapitel

»Ich weiß gar nicht, wie ich geistig nochmal zurück kann«

Tucholskys letzte Lebensjahre

»Sie haben eine deutliche Vorstellung von dem, was mir bevorsteht«, schrieb Ossietzky dem Freund im schwedischen Exil, wenige Tage bevor er ins Gefängnis ging. Ja, Tucholsky hatte sich und anderen in unzähligen Gedichten und Artikeln ausgemalt, wie das ist im Gefängnis: Tristesse und Sehnsucht in der Zelle, Massenfraß aus dem Blechnapf, Trott auf dem Gefängnishof, preußischer Uhrenkult und Kasernenhofton. Nur einer, der sich einzufühlen vermag und mitleidet, kann alles dies so schmerzhaft und eindringlich beschreiben.

Vielleicht hatte Tucholsky deshalb mehr Angst als andere, selbst in Haft zu geraten. Er war sich ganz sicher: Das könne er körperlich und seelisch nicht aushalten, und das wollte er auch gar nicht: »Ich habe einen dicken Bauch und bin kein Märtyrer«, so rechtfertigte er sich immer wieder. »Ich für mein Teil hätte das niemals gemacht ...«, beschwor er Ossietzky im März 1932, wollte ihn doch noch zur Flucht überreden.

Er hatte ein schlechtes Gewissen. Im Juli 1932 sollte der Weltbühnenleiter erneut vor Gericht erscheinen, diesmal wegen eines Artikels von Tucholsky.

Was war geschehen?

Am 4. August 1931, dem 17. Jahrestag des Kriegsausbruchs, hatte Tucholsky unter dem Titel »Der bewachte Kriegsschauplatz« einen Beitrag in der WELTBÜHNE veröffentlicht. Es ging darin um den Widerspruch zwischen dem Grundrecht auf Unverletzlichkeit der Person im Frieden und der Pflicht zum Mord im Krieg. »Sagte ich: Mord? Natürlich, Mord. Soldaten sind Mörder.« Wegen dieses Satzes waren die Generäle beleidigt. Reichswehrminister Groener klagte den verantwortlichen Redakteur Ossietzky an, nicht Tucholsky.

Der war im Ausland – unerreichbar. Er quälte sich mit Selbstvorwürfen. Mußte er nicht an der Seite des Freundes vor Gericht erscheinen? Angst und Bequemlichkeit rangen mit Scham. Was würden die Gesinnungsgenossen reden, und vor allem: Was würden sie schreiben? Wie würde die Öffentlichkeit reagieren? Es gab nur zwei Menschen, denen er seine inneren Zweifel mitteilen mochte: Mary, von der er längst getrennt lebte, und – Ossietzky.

Er könne niemanden sonst um Rat fragen, erklärte er seiner Frau, alle anderen wären unaufrichtig, würden sich sowieso »das Maul zerreißen« und ihn im Stich lassen, wenn es ernst würde.

Eigentlich stand der Entschluß von Anfang an fest: Er wollte nicht zum Prozeß kommen. Es war nicht allein die Furcht, die ihn abhielt. »Ich kenne die Talare«, erklärte er Ossietzky. Sinnlos, ganz sinnlos sei es, sich diesen Richtern zu stellen, die doch nur Handlanger der Militärs seien. Viermal habe er selbst vor Gericht gestanden, er wisse seitdem, daß die Bürgerrechte längst »von einem völlig sturen Militarismus der Bureaus überholt« seien. Nein, die Weimarer Justiz habe keine Loyalität verdient.

Im übrigen wolle er sofort kommen, wenn Ossietzky *für* ihn büßen müsse; der verantwortliche Redakteur sei aber *neben* ihm angeklagt. Es würde dessen Lage nicht, aber auch gar nicht verschärfen, wenn Tucholsky selbst fernbliebe.

Ossietzky machte ihm die Entscheidung leicht, wies ausdrücklich darauf hin, daß »das Verfahren nur gegen mich geht«, daß Tucholskys Auftreten nicht nötig sei. Mit dem gleichen Recht, mit dem er selbst versuche, die WELTBÜHNE am drohenden Verbot vorbeizumanövrieren, dürfe der andere für sich beschließen, keine sinnlosen »Stiergefechte« zu liefern. Von Verrat könne nicht die Rede sein.

Doch Tucholsky fürchtete um sein Image. Er zog vorsichtige Erkundungen bei Mary und bei Ossietzky ein: Was »man« denn über ihn rede?

Der Weltbühnenleiter antwortete zurückhaltend. Tucholsky möge sich doch direkt mit den Leuten auseinandersetzen. Er selbst könne die Stimmung am allerwenigsten einschätzen. Ihm würde so leicht keiner »Unfreundlichkeiten« über den anderen sagen; nur soviel: »Alte Freunde« wie Walter Mehring und Ernst Toller hätten Mißfallen geäußert.

Tucholsky schien ungerührt. Toller, der ehemalige politische Gefangene, der dürfe ihn kritisieren, die anderen nicht. Und doch machte es ihm mächtig zu schaffen, daß Toller sein Fernbleiben einen »internationalen Skandal« nannte. Mehring schrieb er, ihm sei alle Kritik gleichgültig, er sei nur einem einzigen verantwortlich: Ossietzky. »Winkt der, bin ich da. Er winkt aber nicht.«

Für ein paar bissige Bemerkungen in der Wiener FACKEL von Karl Kraus, der ihm in pedantischer Regelmäßigkeit seine vaterländischen Jugendgedichte aufzurechnen pflegte, hatte er nur ein verächtliches Schulterzucken übrig: »In diesem Operettenstaat geschieht ihm doch nie was«, meinte er zu Ossietzky. »Ich möchte ihn mal kreischen hören, wenn sie ihn, ohne auf seine 75 Berichtigungen zu hören, einfach einsperren.« Nein, all das Geschrei von Kraus und anderen interessierten ihn nicht. Und doch muß es ihn gewurmt haben. Knapp zwei Wochen später bat er sich beim Weltbühnenleiter aus: Über Kraus dürfe niemals mehr ein Lob in der WELTBÜHNE erscheinen.

Am 1. Juli wurde in Moabit die Verhandlung eröffnet. Ossietzkys Rechtsanwalt Rudolf Olden hielt ein glänzendes Plädoyer: Laotse, Jesus, die Hohenzollern und Hindenburg – 2.000 Jahre lang hätten die Großen der Geschichte den Krieg als Mörderhandwerk verflucht. Die Idee zu dieser Argumentation verdankte Ossietzky seinem Freund Tucholsky; viele Mitarbeiter hatten die Fakten zusammengetragen. Der Staatsanwalt blieb unbeeindruckt. Er forderte sechs Monate Gefängnis wegen Beleidigung des Soldatenstandes. Während seines Plädoyers zog draußen ein Militärzug vorbei. Es war ein wunderbarer Sommertag, die Fenster des Gerichtssaals standen weit offen, und die Marschmusik dröhnte laut herein.

Dann sprach Ossietzky: Das Plädoyer unter Militärmusikbegleitung sei ein seltsames Erlebnis gewesen. Ob die Klänge für den Staatsanwalt die Stimme seines Herrn gewesen seien? »Seit 1912 habe ich den Krieg bekämpft«, bekannte er. »Was ich im Kriege gesehen, hat meine Meinung über ihn ... bestätigt. Wir Anhänger des Friedens haben die Pflicht, immer wieder darauf hinzuweisen, daß der Krieg nichts Heroisches bedeutet, sondern daß er nur Schrecken und Verzweiflung über die Menschheit bringt.«

Ossietzky wurde vom Vorwurf der Beleidigung der Reichswehr freigesprochen – um in seine Zelle zurückzukehren.

Er empfand das Urteil als ersten »juristischen Sieg« seit langer Zeit, als politischen Hoffnungsschimmer. Wenige Tage darauf schrieb er Tucholsky einen euphorischen Brief und bemerkte in Zusammenhang mit dem Vorfall mit der Marschmusik: »Ich habe in dem Augenblick beklagt, daß Sie nicht im Saale gesessen haben. Es war stimmungsmäßig einer der tollsten Augenblicke, die ich erlebt habe.«

Doch ein versteckter Vorwurf? Wohl kaum. Eher war es – spontan hingeschrieben – die Ahnung, der Freund würde nur aus seinem Ohnmachtsgefühl herausfinden, wenn er sich selbst wieder einsetzte, wenn er Erfolge und Mißerfolge wieder am eigenen Leibe verspürte, wenn er sich wehrte, kämpfte.

Und wieder wollte Ossietzky entlasten: Tucholskys Anwesenheit hätte nichts, aber auch gar nichts am Prozeßverlauf erleichtern können.

Im übrigen lebe er selbst im Gefängnis »ganz anständig«, nur daß er sich Sorgen um die politische Entwicklung draußen mache. »Ich hoffe – und ich bitte darum –, daß Sie über mich ganz ruhig sind und nicht der Gedanke an mein Schicksal Ihre krisenhafte Verfassung noch beschwert.«

Doch Tucholsky wurde sein Schamgefühl nie mehr los, bis zum Schluß nicht. Er fühlte sich angegriffen von den Kollegen, beschämt. Deshalb, auch deshalb zog er sich immer mehr in sich selbst zurück, mied den Kontakt mit Weltbühnenmitarbeitern und – später – mit den deutschen Emigranten.

Er schrieb viel über das sinnlose Opfer Ossietzkys, distanzierte sich wieder und wieder von den »Märtyrern«, und hinter allem Geschreibe verbarg sich ein schlechtes Gewissen: »... im Falle Oss bin ich einmal nicht gekommen«, schrieb er am Tage seines Selbstmordes in das Q-Tagebuch (»Q« stand für »Ich quatsche«) für Hedwig Müller, »ich habe damals versagt, es war ein Gemisch aus Faulheit, Feigheit, Ekel, Verachtung – und ich hätte doch kommen sollen.«

1932 hatte Tucholsky längst aufgegeben. Nur für den gefangenen Freund raffte er sich noch manchmal auf und schrieb etwas, meistens ein paar »Schnipsel« oder ein Gedicht.

Sein Abschiedsartikel »Für Carl von Ossietzky«, seine letzte große politische Arbeit, war zugleich eine Sympathieerklärung: »Es ist mir unmöglich, einem so unpathetischen, stillen Kameraden wie meinem Freunde Ossietzky markige Abschiedsworte zuzurufen«; stattdessen gab er ein Versprechen: Achtzehn Monate Gefängnis – das sei die »Quittung der Generäle« für eine »gute Ware ... Die Ware wird weitergeliefert.«

Vielleicht wollte er wirklich weiterliefern, aber er konnte nicht mehr.

Die politischen Geschehnisse in Deutschland widerten ihn dermaßen an, daß ihm die Sprache allmählich einfror.

»Ich weiß gar nicht, wie ich geistig nochmal zurück kann«, vertraute er Ossietzky an.

Der Häftling versuchte, den anderen aus seiner inneren Verkrampfung zu erlösen, ihn wieder für die WELTBÜHNE zu gewinnen. Er werde gebraucht, auch seine Kritik, aber »produktiv« müsse sie sein und nachsichtig, wie man sie nur aus der Nähe üben kann, nicht aus der Distanz, die überheblich macht: »Die Zeit hier ist nicht gerade heiter; Sorgen vor der Zensur, vor der politischen Zukunft überhaupt. Sie können sich nicht denken, wie hier alles herumläuft.«

Tucholsky konnte nicht mehr zurück. Im Sommer 1932 wurden seine Nasenschmerzen unerträglich, er ließ sich in der Schweiz operieren, verbrachte Monate in Sanatorien. Es half alles nur für kurze Zeit. Zum Arbeiten kam er überhaupt nicht mehr, er schrieb nur noch Briefe an Frauen und Freunde, auch an Ossietzky.

Der antwortete im Juli 1932 aus dem Gefängnis: »Ich bin traurig, daß es mit Ihrer Produktivität nicht gut steht ... Aber ob Sie schreiben oder nicht, Sie sollen gesund und bei guter Laune bleiben ... Bitte lassen Sie doch wieder von sich hören. Wir müssen doch wieder in eine Unterhaltung über alle laufenden und schwebenden Dinge kommen.«

Und im September: »Schreiben Sie mir doch ruhig mehr. Auch wenn ich nicht immer im Augenblick und im nötigen Umfange reagiere, so ist es doch wichtig für mich zu wissen, was Sie tun und vorhaben. Und dann, weil Sie es sind ... Ich beklage Ihren schlechten Gesundheitszustand, der noch immer eine Wiederaufnahme Ihrer Arbeit verhindert ... Ach wenn Sie doch wieder ... Aber Sie werden schon wieder.«

Ende 1932 versuchte Tucholsky, sich noch einmal bei der Weltbühne einzumischen. Ihm mißfielen die politischen Kommentare Hanns-Erich Kaminskis, die seit dem Ausscheiden Ossietzkys viel Platz in der kleinen Zeitschrift einnahmen, und erstmals seit langer Zeit pochte er wieder auf sein Kontrollrecht. Die Redaktion schaltete auf stur, sie fühlte sich von ihrem prominentesten Mitarbeiter im Stich gelassen, mochte seine Kritik von draußen nicht länger hinnehmen. Tucholsky gehörte einfach nicht mehr dazu. Sein Recht auf Einflußnahme sei selbstverständlich und unanfechtbar, versuchte Ossietzky zu beschwichtigen. Er selbst würde manches kritisieren, aber überwogen habe das Gefühl: »Mensch, es ist ein holdes Wunder, daß das rote Heft Woche für Woche erscheint, trotzdem du nicht dabei bist und der Herr Sozius...«

Ossietzky fühlte sich selbst als Außenstehender, abgesperrt von der politischen Wirklichkeit hinter dicken Gefängnismauern. Vielleicht waren es die eigenen Erfahrungen mit dem Kritiker aus der Ferne, die ihn hatten erkennen lassen: »Anders als ein Betrachtender denkt der Handelnde«; die ihn geduldig gemacht hatten mit den Schwächen derer, die draußen weiterkämpfen mußten. Die neue Weltbühnenleitung habe es schwer, schrieb er dem Freund, sie müsse nicht nur ihn selbst, sondern auch Panter, Tiger und Co. ersetzen.

»Das ist unmöglich, und vor dieser Aufgabe habe ich niemals gestanden. Deshalb muß ich auch tolerant sein, denn ich weiß nicht, ob ich so einem Fatum gewachsen wäre.

Doktor!!! Machen Sie wieder reger mit. Sie haben sich als Produzierender selbst ausgeschaltet und deshalb sind Sie als Kritiker jetzt unwillkommen ... Wenn Sie wieder leibhaftig dabei sind, dann werden solche Querelen ja wesenlos. Niemand wird auf die Idee kommen, zu mucken. Ach, wenn ich mit Engelszungen redete ...«

Im Januar 1933 kam aus Basel ein letzter Brief von Tucholsky an die WELTBÜHNE. Da gäbe es ein ehrwürdiges Fräulein mit einem altmodischen kleinen Wäschelädchen, das habe gegen die große Konkurrenz eine »geradezu amerikanische Reklame« erdacht, ein mit Watte umrahmtes Schildchen im Schaufenster: »DAS KÖNNEN SIE AUCH BEI MIR HABEN!

Dies wünscht Dir

Dein treuer, aber noch nicht gesunder Peter Panter.«

Panter wurde nie mehr gesund.

»Verschlinge, Flamme, auch die Schriften der Tucholsky und Ossietzky«, brüllte der neunte Sprecher bei der Bücherverbrennung auf dem Berliner Opernplatz. Und Tucholsky, der angeblich mit Deutschland fertig war, litt, litt unsäglich unter diesem schauerlichen Ereignis. Für ihn war es ein Signal des Untergangs. Verzweiflung klang aus seinem Brief an Hasenclever. »Das Spiel ist für uns aus. Wo sollen wir denn antreten – unsere Verträge sind offiziell gebrochen, Geld darf nicht heraus, meine Bücher werden, wie ich hier erfahre, nicht mehr ins Ausland ausgeliefert – es ist auf Vernichtung abgesehn...«

Manchmal träumte er noch davon, ein richtiges Buch zu schreiben, aber für wen?

Eine Mitarbeit an der NEUEN WELTBÜHNE im Exil lehnte er ab, weil er alle Aktivitäten der deutschen Emigranten für sinnlos hielt und weil er nach so langer Zeit nicht mit »schwachen Arbeiten ... wiedererscheinen« wollte, für gute aber reichte die Kraft nicht. Und Hasenclever, der sein ganzes Gerede um das Nichtmehrschreibenkönnen durchschaut hatte, gestand er, ja, er habe abwarten wollen, bis er wieder ganz gesund sei, um dann aufzusteigen, »wie ein strahlender Meteor am Waldesrand, aber leider bin ich das mitnichten.«

Eigentlich wollte er gerne ... Hedwig Müller und Walter Hasenclever bestürmten ihn, seine Briefe und Q-Tagebücher zu veröffentlichen. Aber die waren ihm nicht perfekt, nicht »fertig« genug, und er hatte Angst, sich zu blamieren.

Es war ein Teufelskreis. Aus Scham über die eigene Unproduktivität zog er sich immer mehr in sich selbst zurück; in der Einsamkeit, ohne politische Hoffnungen und Ziele, nur noch in den Tag hineinlebend, konnte er keine neue Kraft schöpfen.

Ohne »stete Berührung« mit den Menschen mußte auch seine Sprache, die Sprache des Volkes, in ihm ersterben.

Einmal fragte ihn Hasenclever unumwunden, warum er nicht mehr schreibe.

»Jeder hat ja seinen Vogel bei der Produktion«, antwortete der andere. »Bei mir ist das so, daß ich morgens die Augen aufschlage und weiß: Heute wirds das ... das wird dann und hat jenen Schwung, den ich mit meiner Marke signieren kann ... Man soll in seinen besten Stunden schreiben, nicht in seinen schwachen.«

Nein, schwach mochte er sich nicht zeigen, deshalb verbat er sich ausdrücklich und immer wieder den Gedanken, sein persönlich Geschriebenes zu publizieren; in dem so gar nichts von der geistigen Überlegenheit und inneren Distanz zu spüren ist, die Panter, Tiger und Co. so gerne demonstrierten; das überquoll von Jammer, Zweifel, Sinnsuche, Selbstmitleid und bewußter Unvernunft. Man müsse ja aus allen seinen Briefen mindestens die Hälfte wegen Übertreibung streichen, schrieb er in einem Anflug von Selbstkritik an Hedwig Müller. Übertreibung, geboren aus Krankheit, Müdigkeit und dem wachsenden Gefühl von Sinnlosigkeit.

Im November 1934 gab es einen Hoffnungsschimmer. Roda Roda alias Sandór Friedrich Rosenfeld hatte den Züricher Verleger Emil Oprecht »breitgeschlagen«, einige »verbrannte Bücher« aus Deutschland neu zu verlegen, darunter das »Pyrenäenbuch« von Tucholsky. Der war begeistert – vergeblich. Oprecht machte einen Rückzieher. Die alten Bücher interessierten keinen; er wollte Neues, Aktuelles über NS-Deutschland. Roda Roda beschloß, es auf eigene Faust zu versuchen, und Tucholsky gab sein Herz mit: »Dein Plan, Dein Wagemut und Deine Frische sind gleich bewundernswert. Ich will gern mittun.«

Doch auch daraus wurde nichts. Rowohlt, der in Deutschland geblieben war und verlegte, was er verlegen durfte, machte seine Rechte auf Tucholsky geltend. Dessen Bücher waren zwar verboten, aber der Verleger dachte an die Zukunft...

Woran es letztlich gelegen hat, daß sich Roda Rodas Pläne zerschlugen, ist nicht bekannt. Zurück blieb Tucholsky mit einer verlorenen Hoffnung mehr und mit Geldsorgen. Seit 1933 hatte er keine Zeile veröffentlicht und keinen Pfennig verdient. Dabei konnte und wollte er auf seinen gutbürgerlichen Lebensstil nicht verzichten.

Aber für deutsche Exilblätter schreiben, das lehnte er weiterhin ab. »Das war doch hoffnungslos«, erklärt Gertrude Meyer. »Die Nazis hatten ja das Volk hinter sich, für wen hätte er schreiben sollen? Das war hoffnungslos, das schreibt er ja auch: Er will nichts mehr mit ihnen zu tun haben ...«

Eine Zeitlang habe er versucht, mit ihrer Hilfe bei einer

schwedischen Zeitung unterzukommen, bei der liberalen GÖ-
TEBORGS HANDELSTIDING. Der Verleger Segerstedt aber habe abgelehnt. Vielleicht, weil er Tucholsky, den brillanten Schriftsteller, als Konkurrenten fürchtete, vermutet Gertrude Meyer.
Es war wohl eher so, daß der Deutsche in Schweden unbe-
kannt war und nie versucht hatte, daran etwas zu ändern. Es
hielt es für aussichtslos: »Sie haben neulich gefragt, warum ich
hier nicht publiziere?« schrieb er ein Jahr vor seinem Tod an
Hasenclever. »Sie überschätzen die Schweden. Ich wüßte
nicht, wer das hier drucken sollte. Sehen Sie, hier ist vorherr-
schend die Idee des Monopols. Jeder hat eins ... – darauf sitzen
sie, und wehe, wer das antastet.«

Schweden war kein gastliches Land für politische Flüchtlin-
ge. Sie erhielten weder eine staatliche Unterstützung noch eine
Arbeitsgenehmigung. Sie sollten die Arbeitslosenzahl im Land
nicht in die Höhe treiben. Nur in niederen Dienstleistungsbe-
rufen durften sie Geld verdienen, und die meisten lebten in
bitterer Armut. Jede öffentliche politische Äußerung war ihnen verboten, denn die sozialdemokratische schwedische Regierung achtete strikt auf Neutralität und wollte reibungslose
Beziehungen zum NS-Regime, das ein wichtiger Käufer schwe-
discher Eisenerze war.

Tucholskys letzter deutscher Reisepaß wurde am 14. Januar
1934 ungültig. Der Staatenlose beantragte die schwedische
Staatsbürgerschaft. Unter der Ziffer 16 des Antragsformulars
»Was ist der Anlaß Ihres Aufenthaltes in Schweden?« trug er
ein: »Nach den ersten Besuchen entstand ein Gefallen an der
Natur des Landes sowie der Wunsch nach einem gesunden und
friedvollen Wohnort nach dem bisherigen nervösen und lär-
menden Großstadtleben.«

Die Einwanderungsbehörde lehnte ab. Nach Überprüfung
seiner finanziellen Verhältnisse genehmigte sie ihm einen
»Fremdenpaß«, den er alle drei Monate – später halbjährlich –
verlängern lassen mußte. Er durfte weder eine Arbeit anneh-
men noch »an politischer Propaganda« in Schweden teilneh-
men. Ausreisen, das konnte er jederzeit, aber wieder einreisen?

Dafür waren umständliche Genehmigungsverfahren nötig. »Du weißt ja, was hier los ist«, schrieb er im April 1934 an Hedwig Müller, als er sich um die Erlaubnis für einen Besuch in der Schweiz bemühte, »dieses bedrückende Gefühl der Rechtlosigkeit, die Ausnahmestellung, diese Solidarität der Bürokratien, das alberne Getue, diese Dummdreistigkeiten, einem ›gnädig‹ zu erlauben, Geld auszugeben ..., aber das Geldverdienen verbieten.«

Da der staatenlose Zustand auf Dauer unerträglich war, bewarb sich Tucholsky weiter um die schwedische Staatsbürgerschaft. Voraussetzung dafür war, daß er die Sprache des Gastlandes fließend beherrschte. Deshalb begann er 1934 doch, Schwedisch zu lernen, niemals aber versuchte er, in der ihm unvertrauten Sprache zu schreiben. Warum nicht, erklärte er 1935 Hasenclever: »Ich bin ein Schriftsteller und wie ich meins sage, ist oft besser als das, was ich sage. In der Übersetzung geht das verloren.«

Doch – einmal übersetzte er ein Gedicht von Gustav Fröding, dem berühmten schwedischen Nationaldichter. Das war im November 1935. Tucholsky haßte jenen grauen Monat, und er fürchtete den langen, dunklen schwedischen Winter mit seinen Schneemassen, die ihn von der Außenwelt abschnitten. Es war die Zeit, in der auch sein Nasenleiden unerträglich wurde. Manchmal, in den langen schlaflosen Nächten, las er Gertrude leise die Verse:

> »Die ewigen Gefühle
> Heben mich, hoch und hehr
> Aus irdischem Gewühle,
> Schlafe! Was willst du mehr.«

Seine finanzielle Lage war verzweifelt. Er wußte oft nicht, wie er die Miete für den nächsten Monat aufbringen sollte und war zu stolz, die Freundinnen um Geld zu bitten. Es sei damals ganz düsterer und hoffnungsloser Stimmung gewesen, erinnert sich Gertrude Meyer.

Und traurig, unsäglich traurig klingt auch jenes von ihm

ins Deutsche übertragene Gedicht des schwedischen National-
dichters Fröding, das sie sorgsam aufbewahrt hat – bis heute.
Es handelt von dem häßlichen Archäer Thersites, der allen
glänzenden Kämpfern Griechenlands verhaßt war, weil er ihnen die Wahrheit über den trojanischen Krieg ins Gesicht
sagte: daß er Blut und Verzweiflung über die Menschen bringen werde, weil die Reichen und Mächtigen noch mehr Macht
und Reichtum wollten.

Der abscheuliche Thersites, bei Homer die personifizierte
Feigheit und Mißgunst, als Wahrheitsverkünder und Kriegs-
gegner – der Gedanke muß Tucholsky fasziniert haben, so daß
er eine Übersetzung versuchte. Unbeholfen klingt das und gar
nicht nach dem sprachgewandten Schriftsteller:

Thersites

Ich kann nicht anders als dein Los beklagen,
du armer Hund, den alle, alle jagen,
wo's Prügel gibt, – mein innres Auge sieht es –
da bist du allemal dabei, Thersites.
Gewiß, du bist der häßlichste, wie du da sitzt,
und zitternd, hassend Gift und Galle spritzt,
wenn du die Nägel krallst wie alte Frauen,
bis sie dich schließlich aus dem Lager hauen.
Und doch – wenn man dich mit den andern so vergleicht,
in deiner Häßlichkeit, bist du vielleicht, vielleicht
gewissermaßen doch ein Stückchen Heros,
was uns davon auch singt und sagt Homeros.
Wenn Agamemnon prahlt und tobt und funkelt,
und wenn Odysseus mit dem alten Nestor munkelt
und voller Wichtigkeit das delphische Orakel macht –:
du bist der einzige, der bei dem Spektakel lacht.
Und wenn die Oileiden hüpfen, gleich Bedienten,
vor den Achivern, diesen Hellbeschienten,
die rufen: »Ajax, Heil! So sollten dich die Götter schaun!«
du bist der einzige, der den Ruf wagt: »Alter Clown!«

Du und nur du spuckst böse und vermessen
die Wahrheit in die königlichen Fressen,
du speist auf diesen ganzen hochgeborenen Reigen
der jeden andern mit der Peitsche zwingt, zu schweigen.
Und darum bist du doch ein Stückchen Heros,
was uns auch davon singt und sagt Homeros
Der Heros eines niedrigen Gebietes.
Und doch ein Held.
Du armer Hund, Thersites.

Der KZ-Häftling Ossietzky, 1933

11. Kapitel

»Es ist zu spät«

Warum Ossietzky 1933
nicht floh

»Ossietzky unbegreiflich ... dieses Opfer ist völlig sinnlos« –
Verzweiflung und Gewissensnöte schimmern durch in dem
Brief, den Kurt Tucholsky im März 1933 an Walter Hasencle-
ver schrieb. Der Weltbühnenleiter war in der Nacht des
Reichstagsbrandes von der Gestapo geholt worden.

Warum war er nach seiner Begnadigung Weihnachten 1932
nicht geflohen, warum nicht wenigstens nach Hitlers Ernen-
nung zum Reichskanzler?

Wollte er sich ausliefern, opfern aus Staatsraison? Kein Mut,
»feige zu erscheinen«? Viele Zeitgenossen wollten Ossietzky
als Märtyrer sehen und zitierten dafür aus »Rechenschaft«.
Aber »Rechenschaft« war *vor* der Machtergreifung durch die
Nationalsozialisten entstanden. Damals war noch berechenbar, was das bedeutete: Haft. Und da gab es noch politische
Hoffnungen. Der Schriftsteller Franz Leschnitzer zitierte Ossietzky aus dem Gedächtnis – nach einem persönlichen Gespräch: »Das Wort ›Flucht‹ kommt in meinem Vokabular
nicht vor.« Der kommunistische Filmkritiker Béla Balász
zeichnete eine Unterhaltung nach, in der Ossietzky seine Be-

reitschaft zum Heldentod bekundet haben soll: Nach dem Weltbühnenurteil wolle er lieber sterben, als dem Verdacht des Landesverrats Vorschub zu leisten. Auch in Balászs unveröffentlichtem Manuskript schwingt »Rechenschaft« mit.

Und der Schriftsteller Hans Sahl konnte sich noch genau an das harte, kantige Nußknackergesicht Ossietzkys erinnern, als er ihm nach einer der letzten Kundgebungen des deutschen Schriftstellerverbandes gestanden haben soll, er wisse um sein baldiges Ende, und wörtlich: »Ich bleibe ... Sollen sie kommen und mich abholen.« Und das habe hart geklungen und so fest, daß man hätte meinen können, da sei eine Nuß geknackt hinten zwischen den Kiefern von Ossietzky.

Und Hiller? Der war ganz entgegengesetzter Meinung. Ossietzky habe fest geplant, Anfang März zu emigrieren, die Nationalsozialisten seien ihm nur zuvorgekommen mit ihrem Reichstagsbrand.

Wer will da Legende und Wahrheit unterscheiden. Ossietzky, wie die meisten Intellektuellen der Weimarer Republik, habe sich einfach nicht vorstellen können, daß diese Witzfiguren Hitler, Goebbels und Göring jemals wirklich Macht ausüben würden. So versuchte sich Axel Eggebrecht der Wahrheit zu nähern. Der Justizbeamte Robert W. Kempner hatte Ossietzky in der Nacht des Reichstagsbrandes vor Massenverhaftungen gewarnt. Vergeblich. Er vermutet: »Vielleicht hat er nicht geahnt, wie schrecklich es wird ...«

Das wollte Tucholsky im März 1933 auch nicht wahrhaben: »Ich glaube nach wie vor nicht an extrem blutige Sachen in Deutschland ... Ich glaube keinesfalls, daß sie ihm etwas tun, er ist in Haft eher sicherer als draußen ... Er kommt nach zwei, drei Wochen, denke ich, heraus. (Wenn nicht Konzentrationslager gemacht werden)...«

Damit wollte er sich selbst beruhigen, gewiß, aber dahinter verbarg sich auch jene verhängnisvolle Haltung der Linksintellektuellen, die den drohenden Faschismus unterschätzten. Im März 1932 hatte Tucholsky in einem Brief an Ossietzky die Reichspräsidentenwahlen kommentiert: »... ich halte mit Ihnen die neue Herrschaft Hindenburgs ... für dreiviertel faschistisch, und einen gewählten Hitler niemals für voll faschistisch. Der Unterschied wird also nur in den ersten, etwas wilden Hitlerwochen bestehn.«

Ossietzky selbst schwankte vor seiner Inhaftierung 1932 einerseits zwischen bösen Vorahnungen von einer drohenden Gewaltherrschaft und andererseits der Hoffnung: Die NSDAP würde an ihren inneren Widersprüchen zerbrechen, an den Konflikten zwischen der sozialrevolutionären Massenanhängerschaft in der SA und denen, die legal – mit den Generälen, Industriekapitänen und den Führern der rechten bürgerlichen Parteien – die Macht übernehmen wollten.

Als er Ende 1932 entlassen wurde, schien die Lage hoffnungsvoll. Die NSDAP hatte bei den Juniwahlen 2 Millionen Stimmen verloren und war innerlich zerrissener denn je; in der SA gärte die Unzufriedenheit.

Das Kabinett Papen war ohne Massenbasis, zwischen SPD und KPD gab es vorsichtige Annäherungsversuche, ein Generalstreik, wie 1920 beim Kapp-Putsch, wurde diskutiert. Optimismus kam auf in der Zeit vor dem 31. Januar 1933.

Der Zentrumspolitiker und frühere Reichskanzler von Papen als Vizekanzler, der DNVP-Führer und Pressekonzernchef Hugenberg als Wirtschafts- und Ernährungsminister, der deutschnationale Gürtner als alter und neuer Justizminister – das erste Kabinett Hitler sah zunächst eher wie die soundsovielte Neuauflage der bürgerlichen Notverordnungsregierungen aus als nach einem Auftakt der faschistischen Diktatur.

Die wirtschaftlichen Schlüsselpositionen blieben allesamt in den Händen der Bürgerlichen, die Nationalsozialisten übernahmen »nur« das Kanzleramt und das Innenministerium. Ossietzky vermutete, daß von Papen und seine Hintermänner die eigentliche Regierungsmacht hätten, während die NS-Bewegung nur die nötige Massenbasis brachte und die Bereitschaft zum Terror. Die Nazis seien nur die Instrumente der Gewalt in den Händen der traditionellen Mächte.

Wie die meisten Menschen damals glaubte er – wollte er

glauben –, die Nationalsozialisten wären rasch einzubinden in das bürgerliche Herrschaftssystem, sie würden berechenbar bleiben.

Was konnte geschehen unter einer Papen-Regierung mit nationalsozialistischer Beteiligung? Wieder Gefängnis? Vielleicht. Aber das hatte Ossietzky zu ertragen gelernt.

Als es im Februar 1933 für ihn um die Entscheidung zwischen Flucht oder Standhalten ging, wollte Ossietzky optimistisch bleiben. »Wenn die Menschen nicht mehr fragen dürfen, dann werden die Dinge fragen.« Die Nationalsozialisten hätten allen alles versprochen, daran würden sie als Regierungspartei gemessen, daran würden sie binnen kurzer Zeit zerbrechen.

Bei den Märzwahlen 1933, so glaubt er, falle die Entscheidung des deutschen Volkes für oder gegen den Faschismus. So lange wollte er abwarten, mit der WELTBÜHNE kämpfen gegen die drohende Barbarei. Verdrängt hatte er seine eigene Prophezeiung: die Nationalsozialisten, einmal an der Macht, würden sich legal niemals wieder entmachten lassen, sie seien unbesiegbar mit Giftgas, Panzern und Bomben, die stärker sind als Millionen »Verdammte dieser Erde«.

Ossietzky hoffte, glaubte trotzdem an die Menschen. Aber wie sollte er das ausdrücken unter einer Zensur, die keine Kritik an der Regierung mehr zuließ?

1932 war Wagnerjahr. Ossietzky schrieb einen Artikel gegen den aufblühenden Wagnerkult, gegen den pangermanischen, kriegerischen Nibelungenkult der Nationalsozialisten – gegen den drohenden Weltkrieg:

»Zum zweitenmal soll aus Deutschland eine Wagneroper werden, und die Siegmund und Sieglinde, Wotan, Hunding, Alberich und der ganze Walkürenchor der Rheintöchter dazu sind –
Heiajaheia!
Wallaleia heiajahei!
über Nacht hereingebrochen mit der Forderung,
über Leiber und Seelen zu herrschen.«

Seine Schlußfolgerung blieb ein kindlich-naiver Wunschtraum:

»Wir werden also etwas unternehmen müssen, da nicht zu erwarten ist, daß eine reine Jungfrau, um uns zu erlösen, ins Wasser springt.«

Er kam aus dem Gefängnis mit privaten und politischen Zukunftsplänen, wollte erst einmal schauen, was draußen überhaupt los war. Wie kurz sind da zwei Monate, die zwei Monate, die ihm noch in Freiheit blieben. So schnell gibt man eine WELTBÜHNE, ein Zuhause, eine Heimat nicht auf. Und das Blättchen durfte ja noch erscheinen, so schlimm konnte es also nicht sein. Ja, die Totengräber der Republik beachteten die kleine rote Zeitschrift nicht mehr, sie planten die Vernichtung der politischen Opposition im großen Stil.

Irgendwann im Februar 1933 traf sich Ossietzky mit Kurt Grossmann von der Liga für Menschenrechte, mit Fritz Küster von der Deutschen Friedensgesellschaft, mit seinem politischen Ziehvater Hellmut von Gerlach und anderen linken Unabhängigen. Sie diskutierten: Hatte der Kampf noch Sinn? Gerlach glaubte ja, Küster auch, Ossietzky schloß sich nach kurzem Zögern an: »Er war nicht für Flucht unter allen Umständen. Er sei zu Opfern bereit. Die Stunde der Entscheidung sei für ihn noch nicht gekommen« – so die Erinnerungen des Ossietzky-Biographen Grossmann an die Zusammenkunft.

Am 27. Februar 1933 stürmte Walter Mehring in die Weltbühnenredaktion, zu Ossietzky: Ein alter Bekannter aus dem Auswärtigen Amt habe ihn gewarnt, ihm geraten, Deutschland noch in der kommenden Woche zu verlassen. Auch Ossietzky sei in höchster Gefahr. Der reagierte gefaßt, ließ es aber immerhin zu, daß die Redaktionssekretärin eine Auslandsfahrkarte bestellte. Dann kam Hellmut von Gerlach dazu, schnauzte: »Jetzt wird keine Panik gemacht! Na, also ich jedenfalls bleibe.« Ossietzky entschied sogleich: »Dann bleibe ich auch.« Gerlach sollte in derselben Nacht – in letzter Minute – fliehen können, Ossietzky nicht.

Abends war er zusammen mit Freunden bei der Berliner

Architektin Gusti Hecht eingeladen. Irgendwann in der Nacht ertönte aus dem Radio die Nachricht vom Reichstagsbrand. Die anderen beschworen Ossietzky, nicht in seine Wohnung zurückzukehren. Der beschwichtigte: Er habe kein Namensschild an der Tür, niemand werde ihn finden. Er wußte, zu Hause wartete eine verängstigte Frau.

Terror lag in der Luft, Menschen hasteten durch die Straßen, Extrablätter über das »kommunistische Attentat« wurden ausgerufen. »... du mußt doch fliehen!«, empfing Maud ihn an der Tür. Er erwiderte kurz: »Ich warte noch drei Tage.« Dann der Anruf von Kempner: »Sie werden verhaftet werden.« Ossietzky wollte nicht fliehen, nicht mitten in der Nacht. Wo sollte er hin, mit seiner Frau? Was sollte aus der Tochter werden?

Es wurde eine schlaflose Nacht für die Ossietzkys, beide grübelten vor sich hin. Um 3.30 Uhr stand die Gestapo vor der Tür. Ossietzky sagte nur: »Es ist zu spät.«

Er machte sich fertig, packte ein paar Sachen zusammen, aß noch ein Brot, und dann mußte er fort. »Kopf hoch, ich komme bald wieder«, waren seine letzten Worte.

Nach ein paar Tagen im Polizeigefängnis am Alexanderplatz wurde Ossietzky in die Festung Spandau verlegt. »Schutzhaft« nenne man diese Behandlung, erklärte er in seinem ersten Brief an Maud, vier Tage nach der Verhaftung. »Über die Dauer vermag ich natürlich nichts zu sagen.«

Maud war es, die mit Hilfe einiger Freunde Ossietzkys den Kampf um seine Befreiung eröffnete. Sie stellte einen Antrag auf Begnadigung nach dem anderen. Zermürbend war das: Immer wieder bange Hoffnung und dann die Enttäuschung. Nein, Ossietzky wollte sich nicht opfern, seine Briefe an Maud atmeten Sehnsucht nach Leben und Freiheit: »Hast Du noch nichts gehört...? Laß den Kopf nicht hängen! Alles wird gut!«

»Ich glaube keinesfalls, daß sie ihm etwas tun ...« Aus dieser Illusion wurde Tucholsky bald aufgeschreckt. »Wenn nicht Konzentrationslager gemacht werden...«, hatte er einschränkend hinzugefügt. Das Konzentrationslager Sonnenburg wurde im März 1933 vom Berliner SA-»Mord-Sturm 33« in einem verlassenen Zuchthaus bei Küstrin eingerichtet. Einen Monat später brachte man Ossietzky dorthin. Als »Landesverräter« und intellektueller Bonze war er den SA-Männern besonders verhaßt.

»Erdarbeiten mit Ossietzky«, lautete eine Eintragung seines Mitgefangenen Erich Mühsam in ein Tagebuch, das später aus dem Lager geschmuggelt werden konnte. Das bedeutete: Beide mußten ihr Grab schaufeln und dann stundenlang stehen, warten auf den Todesschuß – bis sie schließlich unter dem Hohngelächter der SS aus der Folter entlassen wurden.

Im Herbst 1933 war Ossietzky nur noch »ein Schatten seiner selbst«, erinnerte sich Gestapo-Chef Diels in seinem Rechtfertigungsbericht »Lucifer ante portas«. Bei einem Besuch in Sonnenburg habe er ihn gesehen, inmitten einer Gruppe von »Gestalten wie aus einem Spuk oder einem dämonischen Traum. Aus den zerbeulten und zerfetzten Kleidern ragten verquollene Köpfe heraus wie Kürbisse, gelb, grün und bläulich angelaufene Gesichter, die nichts mehr von einem Menschengesicht an sich hatten. Die bloßen Körperteile waren mit Striemen und geronnenem Blut bedeckt ... Er trat auf mich zu und bat mich mit schwacher Stimme, daß man ihn aus dieser Hölle befreien solle.«

Tucholsky im Tessin, Sommer 1932

12. Kapitel

»Weil er mein Freund ist, und weil er für uns alle leidet«

Tucholskys Kampf um Ossietzky

Manchmal riß eine Schreckensnachricht über den gequälten Freund Tucholsky aus seiner Lethargie. Er wolle »alles mitmachen«, signalisierte er der Deutschen Liga für Menschenrechte im Exil, die eine weltweite Kampagne für den Häftling ins Leben gerufen hatte. Kopf und Herz dieser Bewegung war Hellmut von Gerlach, der Ossietzky bis zum Schluß von der Flucht abgeraten hatte und dann selbst in letzter Sekunde entkommen war. Bis zu einem tödlichen Herzanfall im August 1935 widmete er sich völlig der Rettung des Zurückgebliebenen. Die ganze Zeit lebte er, wie viele »Freunde Ossietzkys«, mit der quälenden Angst, die Nationalsozialisten rächten sich an dem Mann im Lager für alle Solidaritätsaktionen, von denen sie erfuhren. Deshalb riet er Tucholsky, zu schweigen. Der hatte selbst das Gefühl, »... daß die Wut der Nazis maßlos ist, mich nicht gekriegt zu haben ... Immer und immer wieder kocht das auf, immer und immer wieder tönt das Geheul herüber – und ich weiß, das muß er büßen.«

Und jeden künftigen Artikel von ihm müsse der Gefangene

wiederum entgelten. »Er ist die Geisel. Ich bin stumm.« Die Angst um Ossietzky lähme ihn, erklärte er im März 1934 der Tochter des großen britischen Liberalen Lord Asquith, vor allem deshalb habe er sich mehr als ein Jahr in Schweigen gehüllt.

Trotzdem kämpfte der Isolierte in Hindås um das Leben des Freundes. Es war ein einsamer, heimlicher Kampf. Er schrieb, schrieb verzweifelte Briefe an britische Prominente, bat sie um Hilfe für Ossietzky, »weil er mein Freund ist, und weil er für uns alle leidet.«

Aber nach wenigen Monaten gab er auf, verdrängte auch das schlechte Gewissen. Die Bitte der NEUEN WELTBÜHNE im Wiener Exil um einen Beitrag für Ossietzky lehnte er ab – nicht nur, weil er es für nutzlos hielt und Schaden für Ossietzky fürchtete. Er hatte keine Kraft mehr.

»Es ist aus«, schrieb er an Hedwig Müller. Das war im April 1934, zwei Monate nachdem der schwerkranke Ossietzky in das berüchtigte Moorlager Esterwegen abtransportiert worden war. Dort mußte er mehrere Monate lang zehn Stunden täglich Moor umgraben. Das Arbeitspensum war so gewaltig, daß es der zarte Intellektuelle nicht einmal als gesunder Mensch bewältigt hätte. Aber hinter ihm standen mit Knüppeln und Gewehren die Antreiber. Die Lagerordnung war unerbittlich: »Wer die Arbeit verweigert, sich vor ihr drückt oder zum Zwecke des Nichtstuns körperliche Gebrechen vorschützt, gilt als unverbesserlich...«

Unverbesserlich, das bedeutete schwere Prügel- und Arreststrafen. Ossietzky verfiel immer mehr. Man wolle ihn »auf kaltem Wege« ermorden. Seine ehemaligen Mithäftlinge, die nach ihrer Entlassung ins Ausland geflüchtet waren, alarmierten die Weltöffentlichkeit.

Unter dem Motto »Rettet Carl von Ossietzky« eröffnete Berthold Jacob, der Sekretär der Straßburger Sektion der Deutschen Liga für Menschenrechte, die Nobelpreiskampagne für den KZ-Häftling. Hellmut von Gerlach, der Leiter der Pariser Gruppe der Liga, war zuerst dagegen – er fürchtete, daß die Aktion scheitern und nur Schaden anrichten würde. Vielleicht war das auch der Grund für Tucholsky, eine Mitarbeit abzulehnen: »Für diesen Kampf scheide ich aus«, erklärte er im Juni 1934 dem Initiator. »Es ermüdet mich schon, einen Brief zu schreiben.« Eine solche Kampagne würde mancherlei Angriffe provozieren, und er fühle sich zu schwach dafür – er wolle dem Freund nicht schaden.

Jacobs Antrag war ungültig. Er war von keiner vorschlagsberechtigten Person – Wissenschaftler, Parlamentarier, Friedensnobelpreisträger – eingereicht worden; die Eingabefrist war längst überschritten.

Dieser Mißerfolg war gefährlich für Ossietzky, schürte er doch den Haß des NS-Regimes.

Hellmut von Gerlach war es, der in fieberhafter Eile vorschlagsberechtigte Unterstützer einer Kandidatur Ossietzkys gewann und der Kampagne ein breites internationales Echo verschaffte.

Tucholsky wußte von alledem nichts, niemand hatte ihm mitgeteilt, daß die Eingabe für Ossietzky bereits im Juli 1934 abgelehnt worden war.

Den ganzen Sommer schwankte er zwischen gekünstelter Gleichgültigkeit und zermürbenden Schuldgefühlen. Mußte er nicht nach Oslo, um für den Freund einzutreten? Er wollte gerne, aber er konnte nicht. Zu groß schon waren Scheu und Widerwille, unter Menschen zu gehen.

Im Herbst 1934 ging es ihm ein wenig besser, und er schöpfte Hoffnung, daß Ossietzky den Preis gewinnen könne. »Ich habe kräftig nachgestoßen«, schrieb er Hasenclever. Wie und bei wem? Es gab keine Kandidatur Ossietzkys. Vielleicht brauchte er den Wirklichkeitsverlust, um sich selbst ertragen zu können, vielleicht wollte er das Ausmaß seiner Untätigkeit, seiner Treulosigkeit gegenüber dem anderen verbergen.

Im Dezember 1934 wurde der Nobelpreisträger verkündet. Tucholsky hoffte und bangte wie lange nicht mehr. Und doch spielte er sich und Hedwig Müller Desinteresse vor – um sich gegen eine Enttäuschung zu wappnen.

Kaum konnte er es ertragen, als aus Oslo die Nachricht kam: Nicht Ossietzky, sondern der britische Außenpolitiker Henderson hatte den Nobelpreis bekommen.

Tucholsky, der Mitfühlende, Mitleidende, konnte sich genau vorstellen, was das für den Gefangenen bedeutete.

»Scott ist auf dem Rückweg vom Südpol erfroren, nachdem er die Fahne Amundsens am Ziel vorgefunden hatte, und hat er gewußt, daß er Kandidat gewesen ist und daß er das nun nicht bekommt, dann hält er es nicht mehr aus. Das kann niemand aushalten.«

Tucholsky verfiel in neue Depressionen, das Faß sei »übergeloffen, und ich möchte es nicht mehr«, schrieb er an Hedwig Müller. Ein Bild des erdrosselten Erich Mühsam in der Presse und erschütternde Berichte aus Esterwegen schreckten ihn hoch aus den schützenden Mauern der Resignation.

Und dann, im Sommer 1935, kam noch einmal Hoffnung auf, die Neue Weltbühne meldete: Ossietzky sei der aussichtsreichste Kandidat für den Friedensnobelpreis 1935. Und: Der Häftling sei bei dieser Nachricht »ganz zusammengebrochen«.

In Tucholsky nagten wieder die Schuldgefühle: Er hätte sich für den Freund einsetzen müssen, er hätte die Kraft aufbringen müssen, das durchzusetzen. Aber er brachte die Kraft nicht auf; nur einmal, im September, dankte er der schwedischen Schriftstellerin Mia Leche Löfgren für ihre Arbeit in der Nobelpreisbewegung.

»Der Mann, der da in Papenburg auf der Pritsche liegt und krank ist, wie die letzten schlimmen Nachrichten besagen, leidet für uns alle, die wir diesen Kampf mitgekämpft haben – ich halte es deshalb für meine Pflicht, für meinen Freund und Gesinnungsfreund alles zu tun, was nur möglich ist.«

Doch der Friedensnobelpreis für das Jahr 1935 wurde nicht vergeben. Unter dem Druck der Nazis hatte die norwegische Regierung die Verleihung des Preises an den angeblichen »Landesverräter« im KZ Esterwegen verhindert. Zur gleichen Zeit rüsteten die skandinavischen Sportfunktionäre für die Olympischen Spiele 1936 in Deutschland. Während jener im Lager gequält wurde, schmausten sie auf Goebbels Festbankett. Ein deutscher Sportler, politischer Emigrant, wurde ausgewiesen, weil er in Schweden zum Olympia-Boykott aufgerufen hatte.

Ekelhaft, unerträglich fand Tucholsky diese Welt, in der er lebte: »... über den größten Knacks meines Lebens komme ich nicht weg: daß ich mich in der menschlichen Natur so schwer getäuscht habe: ich hatte von Deutschland nie etwas andres erwartet, wohl aber von den andern.«

Viel Enttäuschungen könne es in seinem Leben nicht mehr geben, hatte er ein Jahr zuvor Hasenclever geschrieben; dann mußte er erleben, wie der berühmte norwegische Dichter Knut Hamsun sich als Freund der Nationalsozialisten entpuppte, der vollmundig den völkischen Blut- und Bodenmythos in Deutschland besang. Jener Hamsun, an dem Tucholsky und Ossietzky wie viele Schriftsteller der Weimarer Republik mit kindlicher Liebe und Verehrung gehangen hatten, weil er scheinbar in sich trug, wonach sie sich sehnten: ein tiefes Gefühl der inneren Verbundenheit mit der Heimat, mit dem Volk und der Landschaft Norwegens.

Hamsun machte sich wenige Tage nach dem vorläufigen Scheitern der Nobelpreiskampagne für Ossietzky zum Fürsprecher des NS-Regimes, er beschimpfte den wehrlosen KZ-Gefangenen als »Landesverräter«, beschuldigte ihn, daß er sich gegen sein Volk stelle. »Antworte, Ossietzky!« forderte er in einer konservativen norwegischen Zeitung. Der Zynismus des großen alten Dichters erwies sich als Bumerang. Überall in Norwegen und ganz Skandinavien standen plötzlich Menschen auf – für Ossietzky. Erst jetzt wurde die Friedensnobelpreisbewegung über den Kreis der deutschen Emigranten und ihre engen politischen Verbündeten hinaus massenwirksam.

Zorn und Trauer über Hamsun trieben Tucholsky in eine neue Produktivität. Nach drei Jahren des Schweigens wollte er wieder schreiben, für Ossietzky. Er bot der BASELER NATIONALZEITUNG und dem Osloer Arbeiterblatt Artikel an. Kaum vorstellbar, daß der redegewandte Tucholsky, der sich nie schwach zeigen mochte, diese rührend-unbeholfenen, fast de-

Knut Hamsun, 1936

mütigen Bittschriften verfaßt haben soll: »... der ›tapfere‹
Knut Hamsun hat sich gegen meinen gefangenen und gequälten Kameraden Carl von Ossietzky ... ausgesprochen ... Darf
ich bei Ihnen für Ossietzky eintreten–? ... Ein Honorar möchte ich nicht haben ... Meine Arbeit wird leicht zu übersetzen
sein...« So schrieb er am 17. Dezember an das Arbeiterblatt.

Den 19. Dezember verbrachte der einstmals berühmte
deutsche Schriftsteller in banger Erwartung. In Hindås kam
die Post erst am Abend. »Ich kann mich irren«, notierte er im
Q-Tagebuch, »mir ist so, wie wenn auf meinen Brief aus Oslo
etwas kommen wird.«

Seine Gedanken flogen zu Ossietzky in Esterwegen. Wie so
oft in den letzten Jahren verfolgten ihn Schreckensbilder. Die
Prügelstrafe, die Brutalität der SS, der zermürbende Lagerall-
tag – er konnte sich alles das genau ausmalen, erlitt es mit, obwohl und weil er entkommen war, den anderen zurückgelassen hatte. »... ich habe ein böses Gewissen... Lassen mich die in
Oslo heran, so gehe ich scharf heran, wie noch nie...«

Ein paar Stunden später hielt er die Absage in den Händen.
Und er unternahm einen letzten verzweifelten Versuch für Ossietzky – für sich. Er erinnerte sich, daß ein norwegischer Stu-
dentenverband ihn vor Jahren um einen Vortrag gebeten hatte, den er damals nicht halten mochte. Nun fragte er bescheiden, ja flehend an: »Halten Sie es für opportun, wenn ich ... an
einer von Ihnen zu bestimmenden Stelle mit einem Aufsatz
hervortrete?«

Der Brief trägt das Datum: 20. Dezember 1935. Eine Antwort wartete Kurt Tucholsky nicht ab. Irgendwann in der
Nacht auf den 20. Dezember nahm er Gift.

Am nächsten Morgen fand ihn Gertrude Meyer, da war er
schon fest eingeschlafen. Sie begleitete ihn ins Krankenhaus,
hoffte bis zum Schluß. Über ihr Gefühl an seinem Totenbett
schrieb sie einen Monat später an Arnold Zweig: »... je matter
und schwächer sein Herz wurde, je glücklicher leuchtete sein
Antlitz. Er hat den Frieden, den er sich so sehr wünschte, und
wir müssen uns stumm davor beugen.«

Ossietzky mit der Frau des ihn behandelnden Arztes im April 1938, wenige Wochen vor seinem Tode.

13. Kapitel

»Märtyrer ohne Wirkung...«?

»Märtyrer ohne Wirkung« hatte Tucholsky seinen Freund Carl von Ossietzky nach dem 28. Februar 1933 genannt. Er konnte nicht mehr miterleben, daß der Gefangene im Jahr der Olympischen Spiele in Berlin doch noch den Friedensnobelpreis von 1935 erhielt; daß damit das »Andere Deutschland« seinen ersten großen moralischen Sieg über das »Nationalsozialistische Deutschland« errang; daß aus der Nobelpreiskampagne eine internationale Bewegung gegen den nationalsozialistischen Terror wuchs, die der Kern der Resistance im 2. Weltkrieg wurde.

»Ossietzky, der nicht mehr schreiben und sprechen konnte«, schrieb 1949 Heinrich Mann, »ist in seinen Ketten dem hohen Glücksfall begegnet, daß einen Augenblick das Weltgewissen aufstand, und der Name, den es aussprach, war seiner.«

Unter dem Druck der Öffentlichkeit hatte die Gestapo den Häftling im Mai 1936 in ein Berliner Krankenhaus überführen und untersuchen lassen: Er war unheilbar an Tuberkulose erkrankt.

Bis zuletzt versuchte die NS-Regierung, die Preisverleihung zu verhindern, man intervenierte wieder und wieder bei der Regierung in Oslo. Die Gestapo, ja Göring selbst, setzte den Todkranken unter Druck: Er solle den Preis ablehnen. Ein letztes Mal widerstand er der Gewalt. Mit zittriger Schrift kritzelte er die Antwort auf einen Papierfetzen: »Nach längerer Überlegung bin ich zu dem Entschluß gekommen, den mir zugefallenen Friedensnobelpreis anzunehmen. Die mir von dem Vertreter des Geheimen Staatspolizeiamtes vorgetragene Anschauung, daß ich mich damit aus der deutschen Volksgemeinschaft ausschließe, vermag ich nicht zu teilen. Der Nobelpreis für den Frieden ist kein Zeichen des inneren politischen Kampfes, sondern der Verständigung zwischen den Völkern.«

Zur Preisverleihung durfte Ossietzky nicht ausreisen. Die Gestapo rechtfertigte das Verbot: Er sei »unverbesserlich«, er habe nach drei KZ-Jahren das Bekenntnis abgelegt, »Ich war Pazifist, und ich werde Pazifist bleiben.« Eine solche Aussage bedeute eine offene Opposition gegen die nationalsozialistische Politik. Gewiß werde er im Ausland als »Kronzeuge« gegen das neue Deutschland auftreten.

Am Tage, als der Preis verliehen wurde, lag der Preisträger unbeachtet in einem Berliner Krankenhaus, nur seine Frau war bei ihm.

Zum ersten Mal in seinem Leben hatte Ossietzky viel Geld – mit knapp 100.000 Mark war damals der Preis dotiert. Die Summe wurde von einem verräterischen Rechtsanwalt, der sich in das Vertrauen des Kranken geschlichen hatte, bis auf einen kleinen Rest unterschlagen.

Damit erlosch auch Ossietzkys Hoffnung auf einen Genesungsaufenthalt in einem guten Lungensanatorium. Unter Polizeibewachung, abgeschlossen von der Außenwelt, siechte er noch fast anderthalb qualvolle Jahre dahin, seinem sicheren Ende entgegen. Bis zum letzten Tag wehrte er sich gegen den Tod, er steckte voller Zukunftspläne und wollte unbedingt weiterleben. Ein Verwandter, Fritz Gusecke, war in den letzten Stunden bei ihm und schrieb später Rosalinde, der Tochter

Ossietzkys: Ihr Vater habe einen »langen, schweren Todes-
kampf« geführt. »Er hatte ... ein unglaublich starkes Herz und
wollte durchaus nicht sterben.«

Wenn jemals ein Opfer sinnvoll war, dann war es seines. Er
brachte es, weil er das Leben und die Menschen liebte – und er
starb schwer.

Der andere wollte durchaus nicht mehr leiden für eine
Welt, die ihm zuwider war – und er starb leicht.

Zitatnachweise, Anmerkungen, Literatur und Personenregister

Abkürzungen:

B   Brief – abgedruckt in:
           Kurt Tucholsky: Ausgewählte Briefe 1913-1935, Hamburg 1962,
           Hrsg.: Mary Gerold-Tucholsky, Fritz J. Raddatz;
           ders.: Briefe aus dem Schweigen 1932-1935, Briefe an Nuuna (Hedwig Müller), Hamburg 1984 (Taschenbuch), Hrsg.: Mary Gerold-Tucholsky, Gustav Huonker;
           ders.: Briefe an eine Katholikin 1929-1931, Hamburg 1969;
           »Farbige weithin sichtbare Signalzeichen«, Der Briefwechsel zwischen Carl von Ossietzky und Kurt Tucholsky aus dem Jahr 1932,
           Berlin 1985, Hrsg.: Dietger Pforte.
BM   Briefe an Mary Gerold-Tucholsky, abgedruckt in: Kurt Tucholsky: Unser ungelebtes Leben, Briefe an Mary, Hamburg 1982,
           Hrsg.: F. J. Raddatz.
C.v.O.   Carl von Ossietzky.
GW   Kurt Tucholsky: Gesammelte Werke, Hamburg 1985; Hrsg.: Mary Gerold-Tucholsky, Fritz J. Raddatz.
KT   Kurt Tucholsky.
OA   Ossietzky-Archiv der Universität Oldenburg.
Q-T   Quatsch-Tagebücher.
WB   Weltbühne.

Zitatnachweise und Anmerkungen

S.15   *Ich platzte...* KT: Fünfundzwanzig Jahre, GW, 1930
           ... jetzt muß ... Siegfried Jacobsohn: Antworten, WB, 16.1.1919
S.16   *Mein gutes...* KT: Auf die Weltbühne, GW, 1918
           Ich mag... KT: Fünfundzwanzig Jahre, GW, 1930, S.210 f
S.17   *Durch tausend...* KT: Fünfundzwanzig Jahre, GW, 1930, S.209
S.19   *Die wirklich...* Brief Siegfried Jacobsohns an KT, 1919, zitiert nach: Ursula Madrasch-Groschopp: Die Weltbühne. Porträt einer Zeitschrift. Berlin (DDR), 1983, S.127
           Gute KT: Gedenken an Siegfried Jacobsohn. GW, 1927, S.388 ff
           kam alles... KT: STARTER, DIE FAHNE-! AB MIT 5 PS, Einleitung zu: ders.: Mit 5 PS, Berlin 1927, abgedruckt in: ders.: Panter, Tiger & Co., Hamburg 1983, S.9
           Allerletzte KT: Gedenken an Siegfried Jacobsohn, GW, 1927, S.388 ff

S.20   *... Wir sind...* KT: Dem Andenken Siegfried Jacobsohns, GW, 1926, S.570
                       Er schien... Zitiert nach: Madrasch-Groschopp, 1983, S.203

S.21   *Hier ist...* KT: BM, 6., 9., 18.1.1927
                       KTs Redaktionsarbeit ist dargestellt nach Hilde Walter: Der Preis für einen Friedenspreis, S.3 f, unveröffentlichtes Buchmanuskript, Hilde Walter-Archiv, Institut für Zeitgeschichte, München; dies.: Kommentare und Informationen Hilde Walter-Nachlaß
                       ... es frißt... KT: BM, 15.3.1927
                       abstrakt... KT: BM, 17.2.1927
                       ... hier geht... KT: BM, 12.1.1927
                       ... dann arbeite... KT: BM, ebenda
                       schlapp KT: BM, Januar 1927

S.22   *... Bin ich...* KT: BM, Januar 1927, 17.2.1927
                       ... der Ossietzky... KT: BM, 7.2.1927; 12.2.1927
                       Bleibe ich... KT: BM, 12.2.1927
                       ... Wenn man... KT: BM, 15.3.1927

S.23   *... wenn die...* KT: BM, 20.3.1927
                       ... ich will... BM, 31.3.1927
                       Nach außen... BM, 29.3.1927

S.25   Die Anfänge Ossietzkys bei der WELTBÜHNE, zitiert und dargestellt nach: Madrasch-Groschopp, 1983, S.162 ff
                       Gerhard Zwerenz: Kurt Tucholsky. Biographie eines guten Deutschen, München 1979. Darin: Kampfgenossen. S.172 ff;
                       ders.: Der Krieg der Pazifisten, Essay über das komplizierte, changierende Verhältnis der Freund-Feinde Tucholsky und Ossietzky sowie über die Parallelität ihres Todes und das Ende des militanten Pazifismus in Deutschland, unveröffentlichtes Manuskript, 1986 ausgezeichnet mit dem Ossietzky-Preis der Stadt Oldenburg

S.27   *Es war eine...* C.v.O.: S.J. WB, 27.11.1927
                       Die Weltbühne... C.v.O.: Rechenschaft, WB, 10.5.1932

S.29   *Es ist trostlos...* KT: BM, 15.8.1927
                       Tucholskys Zusammenarbeit mit der Redaktion ist dargestellt nach einem Gespräch mit Rudolf Arnheim in Darmstadt, 15.6.1986
                       Hilde Walter arbeitete seit 1926 in der Weltbühnenredaktion mit, nach Ossietzkys Verhaftung 1933 engagierte sie sich für seine Befreiung und war wichtige Initiatorin der Friedensnobelpreiskampagne für ihn. Nach dem Krieg veröffentlichte sie zahlreiche Aufsätze und Rundfunksendungen über Ossietzky. Ihr Nachlaß (unveröffentlichte Buchmanuskripte über Ossietzky und Schriftverkehr zur Friedensnobelpreiskampagne) befindet sich im Münchner Institut für Zeitgeschichte und im Internationaal Instituut voor Sociale Geschiedenis, Amsterdam

S.30   *... interessiere...*   KT: BM, 10.7.1927
           Er schreibt...   KT: B an Walter Hasenclever, 4.3.1933

S.31   *Dahin...*   KT: Finish, GW, 1927, S.188 f
           Das war so ein Mensch...   nach dem Gespräch mit Rudolf Arnheim vom 15.6.1986
           Er war kein Tänzer...   nach einem Gespräch mit der Schauspielerin Fritta Brod/Burschell, München, 15.4.1986
           Trockner   KT: BM, 25.1.1928

S.32   *gar nicht vorhanden*   KT: BM, 4.6.1928
           Ich habe...   KT: BM, 18.1.1928
           Der Tucholsky...   nach dem Gespräch mit Rudolf Arnheim vom 15.6.1986

S.35   *Die redaktorische...*   Kurt Hiller, Köpfe und Tröpfe, Profile aus einem Vierteljahrhundert, Hamburg 1950, S.341;
           die folgende Darstellung beruht auf Kurt Hillers Autobiographie »Leben gegen die Zeit«, Hamburg 1969;
           starb nicht...   ebenda, S.202 f
           als Denker...   und folgendes, Hiller, 1950, S.339 ff

S.36   Die Darstellung beruht auf dem Gespräch mit Rudolf Arnheim vom 15.6.1986 sowie auf den Erinnerungen von Hilde Walter, insbesondere den Informationen und Kommentaren zum Hilde Walter-Nachlaß im Münchner Institut für Zeitgeschichte

S.37   *Sie bevorzugen...*   Rudolf Arnheim: Lieber Herr von Ossietzky, WB, 4.10.1932, S.519 f
           Ossietzky mahnt...   KT: BM, 12.6.1927
           Durchschnittsredakteur...   und Darstellung, KT: Gedenken an Siegfried Jacobsohn, GW, 1927, S.390
           Tucholsky über Ossietzky, nach Rudolf Arnheim, 15.6.1986

S.38   *Wir, seine...*   Walter Karsch: Carl von Ossietzky, in: Aufbau, New York, Heft 3, S.219 ff

S.39   Über Ossietzkys Arbeit, nach Rudolf Arnheim, 15.6.1986
           Sie haben...   Rudolf Arnheim, 1932

S.41   *Im fröhlichen...*   KT: Briefe an einen Fuchsmajor, GW, 1928, S.35
           Und die Freude...   aus einem Gespräch mit Rosalinde von Ossietzky-Palm, Stockholm, 22.10.1985

S.42   *Es ist ein seltsames...*   C.v.O.: Peter Panters Pyrenäenbuch, WB, 24.5.1927, S.840
           ... es ist eine traurige...   KT: BM, 1.2.1929
           Die Weltbühne...   und folgendes, KT: Die Rolle des Intellektuellen in der Partei, GW, 1928, S.13

S.42/44   *ein sehr zurückhaltender...*   KT: B an Marierose Fuchs, 17.12.1929, abgedruckt in: KT: Briefe an eine Katholikin, Hamburg 1970, S.17 ff

S.44   *... der Besuch...*   C.v.O.: Brief an Maud von Ossietzky, Hindås,

21.10.1930; Postkarte, Hindås, 24.10.1930

S.44/45   *Hier ist...*   C.v.O.: Brief an Maud, Hindås, 21.10.1930

S.45   *Wir hätten...*   C.v.O.: B an KT, 8.5.1927

S.47 ff.:   Die Darstellung beruht auf einem Gespräch mit Gertrude Meyer-Prenzlau, der letzten Lebensgefährtin Tucholskys, Hindås, 20.10.1985

S.49   *Liebe Leute...*   Q-T, 26.2.1935, S.157

S.49/50   *Nun haben wir...*   KT: Deutschland, Deutschland über alles, Berlin 1929, S.236 ff

S.50   *... da habe ich...*   Brief KT an Arnold Zweig, 16.12.1937

S.50/51   *Hej...*   KT: GW, 1929, S.226 ff

S.51   KT: B an Fritz Tucholsky, 18.1.1931
       Wäre ich...   KT: B an Heinz Pol, 18.1.1931
       Dann hat...   KT: B an Walter Hasenclever, 11.4.1933

S.53   *Der Oppositionelle...*   C.v.O.: Rechenschaft, WB, 10.5.1932

S.54   *viel zu anständig* und *... der Junge...*   KT: B an Rudolf Leonhard, 28.11.1931
       Mit der Frage, weshalb C.v.O. nicht floh, setzt sich Zwerenz, 1979 und 1986, auf Grundlage von Marcuses autobiographischen Erinnerungen auseinander (Ludwig Marcuse, Mein Zwanzigstes Jahrhundert, Zürich, 1975, S.148 ff)

S.56   *Stimme kann...*   C.v.O.: Rechenschaft, WB, 10.5.1932
       Die Darstellung beruht auf dem Gespräch mit Rosalinde von Ossietzky-Palm, 22.10.1985, sowie auf den Erinnerungen Hilde Walters (Informationen und Kommentare zum Hilde Walter-Nachlaß)
       Der ausschließlich...   C.v.O.: Rechenschaft, WB, 10.5.1932

S.56/57   *Daß ich...*   C.v.O.: B an KT, 7.7.1932

S.57   *Was es...*   ebenda
       staatstreuer...   Gerhard Zwerenz, 1986, S.16
       Natürlich...   C.v.O.: B an KT, 8.5.1932

S.59   C.v.O. schreibt über die Reichspräsidentenwahl 1932 in: Gang eins, WB, 1.3.1932

S.60   *Ich habe mich...* und *Die Herren...*   C.v.O.: B an KT, 10.3.1932

S.61   *der mein...*   KT: B an C.v.O., 12.3.1932
       tiefe Furche   C.v.O.: B an Maud, 6.3.1932, OA
       Was nun wird...   C.v.O.: B an KT, 12. und 10.3.1932

S.62   *Sollte ich...*   C.v.O.: B an KT, 18.12.1932
       Wieviel Jahrhunderte...   KT: B an C.v.O., 5.3.1932

S.62/64   Über Hellmut von Gerlach ist in C.v.O.s Briefen an KT vom 1. und 23.3.1932 die Rede. Der angesehene Pazifist und Demokrat, Herausgeber der »Welt am Montag«, gilt als politischer Ziehvater Ossietzkys. Um Brecht und Ihering geht es in KTs Brief vom 25.3.1932 sowie in C.v.O.s Briefen vom 23.3. und 2.4.1932. KT äußert sich in mehreren Weltbühneartikeln sehr kritisch über Brecht, insbesondere zum Plagiatsvorwurf im Zusammenhang mit der »Dreigroschenoper«. In der Weltbühne vom 17. Januar 1933 findet sich der erste und letzte Beitrag Brechts: »Oh Falladah, die Du hangest!«, ein Gedicht von 1919

S.64 Das Verhältnis zu Fritz Küster und seiner Zeitschrift »Das Andere Deutschland« erklärt C.v.O. in Briefen an KT vom 2.2., 29.2. und 1.3.1932

S.65 *Es hat...* C.v.O.: B an KT, 12.3.1932
Auf die... KT: B an C.v.O., 25.3.1932 und folgende

S.66 *Blattes...* C.v.O.: B an KT, 2.4.1932
Beschlagnahmefreie... ebenda
... der Heiligenschein... KT: B an C.v.O., 4.4.1932

S.66/67 *Das Ende ...* C.v.O.: Das Ende der Pressefreiheit, WB, 29.3.1932

S.67 *Die Weltbühne* C.v.O: Rechenschaft, WB, 10.5.1932
diplomatische Temperierung C.v.O.: B an KT, 7.7. und 30.11.1932
Um das gleiche Problem geht es in C.v.O.s Briefen vom 2.4. und 30.7.1932
genau das... KT: Für Carl von Ossietzky, GW, 1932, S.75

S.69 *Unter Hochrufen...* C.v.O.: B an Maud, 10.5.1932, OA
Im Gefängnis... C.v.O.: Rückkehr, WB, 27.12.1932

S.70 *die Vorstellung...* C.v.O.: B an Maud, 10.5.1932, OA
Zunächst ein... KT: B an Maud, 15.5.1932, OA
Was ich am meisten fürchte ... C.v.O.: B an KT, 14.5.1932

S.73 *Sie haben...* C.v.O.: B an KT, 8.5.1932
Ich habe... KT: B an Heinz Pol, 7.4.1933
Ich für... KT: B an C.v.O., 25.3.1932

S.74 *Der bewachte...* KT: Der bewachte Kriegsschauplatz, GW, 1931, S.253
Seine Zweifel äußert Tucholsky in Briefen an Mary: 6.3.1932 und folgende, sowie in Briefen an Ossietzky:
Ich kenne... KT: B an C.v.O., 12.3.1932
von einem... KT: 25.3.1932
das Verfahren... C.v.O.: B an KT, 2.4.1932
Seine Befürchtungen äußert KT in Briefen an Mary: 6.3.1932 und folgende:
Unfreundlichkeiten... C.v.O.: B an KT, 10.3.1932
Winkt der... KT: B an den Dichter Walter Mehring, ohne Datum, Akademie der Künste, Westberlin, Walter Mehring-Nachlaß
In diesem... KT: B an C.v.O., 12.3.1932
Gegen Kraus schreibt KT in einem Brief an Ossietzky vom 25.3.1932

S.76 *Was ich...* Ossietzky spricht vor Gericht, nach Notizen von Johannes Bückler alias Milly Zirker, WB, 5.7.1932

110

S.76/77	*Ich habe...* C.v.O.: B an KT, 7.7.1932
S.77	*Ich hoffe...* C.v.O.: B an KT, 7.7.1932
	... im Falle... KT: Q-T, 19.12.1935
	Es ist... KT: Für Carl von Ossietzky, GW, 1932, S.75 ff
	Ich weiß... KT: B an C.v.O., 4.4.1932
S.78	*Die Zeit...* C.v.O.: B an KT, 8.5.1932
	Ich bin... C.v.O.: B an KT, 7.7.1932
	Schreiben Sie... C.v.O.: B an KT, 22.9.1932
S.78/79	*Mensch, es...* C.v.O.: B an KT, 30.11.1932
S.79	*Das ist...* C.v.O.: B an KT, 30.11.1932
	Das können... KT: Liebe Weltbühne, WB, 17.1.1933
S.80	*Das Spiel...* KT: B an seinen Freund Walter Hasenclever, ohne Datum
	wie ein... KT: Ban Walter Hasenclever, Juli 1934
	stete Berührung KT: B an Walter Hasenclever, 29.11.1935
	Bei mir... KT: B an Walter Hasenclever, 29.11.1935
S.81	*Dein Plan...* KT: B an Roda Roda, 19.10.1934
	Der Briefwechsel über den Vorgang befindet sich in der Akademie der Künste, Westberlin, Kurt Tucholsky-Archiv
	Die Darstellung beruht auf dem Gespräch mit Gertrude Meyer-Prenzlau, Hindås, 20.10.1985
S.82	*Sie überschätzen...* KT: B an Walter Hasenclever, 15.12.1934
	Nach den... KT: Antrag auf Ausfertigung eines Reisepasses, Göteborg, 29.1.1934, Königliche Bibliothek Stockholm
S.83	*dieses bedrückende...* KT: B an Hedwig Müller, 26.4.1934
	Ich bin... B an Walter Hasenclever, 29.11.1935
	Die ewigen... Gertrude Meyer-Prenzlau: B an Arnold Zweig, 22.1.1936, Akademie der Künste, Westberlin, Kurt Tucholsky-Archiv
S.84	*Thersites* Das getippte und mit handschriftlichen Bemerkungen versehene Gedicht wurde der Autorin am 20.10.1985 von Gertrude Meyer-Prenzlau geschenkt, die es bis dahin verwahrt hatte. Es befindet sich heute im Tucholsky-Archiv der Westberliner Akademie der Künste
S.87	*Ossietzky unbegreiflich...* KT: Brief an Hasenclever, 4.3.1933
	feige... Ludwig Marcuse, 1975, S.149 f
	Das Wort... Franz Leschnitzer: Carl von Ossietzky, in: ders.: Von Börne zu Leonhard, Rudolfstadt, 1966, S.198 f
S.87/88	Béla Balász: Erinnerungen an Carl von Ossietzky, unveröffentlichtes Manuskript, OA
S.88	*Ich bleibe...* Hans Sahl: Memoiren eines Moralisten, Zürich 1983, S.214 f
	Zu Ossietzkys Fluchtplänen äußert sich Hiller 1950, S.351
	Axel Eggebrecht nahm unter anderem in einem Interview mit

Heribert Schwan (Deutschlandfunk), 4. Mai 1983, zu dieser Frage Stellung. Vgl. ders.: Der halbe Weg, Hamburg 1975, S.251 ff

Ich glaube... KT: B an Walter Hasenclever, 4.3.1933

S.89 *... ich halte...* KT: B an C.v.O., 12.3.1932

S.90 *Wenn die...* C.v.O.: Deutschland wartet!, WB, 14.2.1933

S.90/91 *Zum zweitenmal...* C.v.O.: Richard Wagner, WB, 21.2.1933

S.91 *Er war...* Kurt R. Grossmann: Ossietzky. Ein deutscher Patriot. München 1973, S.258 f

Die Darstellung folgt Walter Mehring: Carl von Ossietzky, in: Deutsche Rundschau, 1959, S.904 ff, darin findet sich auch das Zitat: *Jetzt wird...*

S.92 *Sie werden...* Aus einem Interview Heribert Schwans (Deutschlandfunk) mit dem späteren Hauptankläger in den Nürnberger Kriegsverbrecherprozessen, Robert W. Kempner, Mai 1983

Die Darstellung und die Zitate beruhen auf: Maud von Ossietzky: Maud von Ossietzky erzählt, Berlin (DDR), 1966, S.100 ff

Schutzhaft C.v.O.: B an Maud, 2.3.1933, OA

Hast Du... C.v.O.: B an Maud aus der Festung Spandau und dem KZ Sonnenburg, 2.3.1933 und folgende, OA

S.93 Die Darstellung der Situation Ossietzkys in Haft folgt vor allem den Informationen aus dem Memorandum »Rettet Carl von Ossietzky«, Hrsg.: Deutsche Liga für Menschenrechte, Sektion Prag, Prag 1934

Gestalten wie... Rudolf Diels: Lucifer ante portas, Stuttgart 1958, S.260 ff

S.95 Über die Friedensnobelpreiskampagne berichten Kurt R. Grossmann, 1973, und Hilde Walter in verschiedenen Aufsätzen und Buchmanuskripten, insbes.: Der Preis für einen Friedenspreis, unveröffentlichtes Manuskript, Institut für Zeitgeschichte, München, Hilde Walter-Archiv

alles mitmachen KT: B an Heinz Pol, 7.5.1933

... daß die... KT: B an Wickham Steed, 6.2.1934, Akademie der Künste, Westberlin, Kurt Tucholsky-Archiv

S.96 *Er ist...* KT: B an Lady Asquith, 1.3.1934, ebenda

weil er... KT, ebenda

Es ist... KT: B an Hedwig Müller, 29.3.1934

Wer die... Disziplinar- und Strafordnung für das KZ Esterwegen, OA

S.97 *Für diesen...* KT: B an Berthold Jacob, 20.6. und 22.6.1934

Ich habe... KT: B an Walter Hasenclever, 7.10.1934

S.98 *Scott ist...* KT: Q-T, 11.12.1934

Der Mann... KT: B an Mia Leche-Löfgren, 8.9.1935

S.99 *... über den...* KT: B an Hedwig Müller, 3.12.1935

S.101 *... der tapfere...* KT: B an das »Arbeiterbladet« in Oslo, 17.12.1935

Ich kann mich... und ... *ich habe...* KT: Q-T, 19.12.1935
Die Absage des Arbeiterblattes trägt das Datum 19.12.1935, Akademie der Künste, Westberlin, Kurt Tucholsky-Archiv
Halten Sie... KT: B an den »Norske Studentersamefund«, Oslo, 20.12.1935, Akademie der Künste, Westberlin
... je matter... B Gertrude Meyers an Arnold Zweig, 22.1.1936, ebenda

S.103   *Ossietzky, der...* Handschriftliche Notiz Heinrich Manns, 1949, OA

S.104   *Nach längerer...* die handschriftliche Erklärung ist archiviert im OA
Gestapo: B an Hermann Göring u.a., 8.12.1936, abgedruckt bei: Grossmann, 1973, S.388

S.104/105 Fritz Gusecke: B an Rosalinde von Ossietzky, 15.5.1938, OA

Literatur:

Rudolf Arnheim: »Lieber Herr von Ossietzky«, WB, 4.10.1932
Béla Balász: »Erinnerungen an Carl von Ossietzky«, unveröffentlichtes Manuskript, OA
Stefan Berkholz: »Deutschland-? Schweigen und vorübergehn«, Kurt Tucholsky in der Emigration 1929-1935, Katalog zur gleichnamigen Ausstellung der Akademie der Künste, Berlin 1985/86
Bärbel Boldt u.a. (Hrsg.): »... aber von dir wird gesprochen«, Katalog zur gleichnamigen Ausstellung der Universität Oldenburg, Oldenburg 1981
Rudolf Diels: »Lucifer ante portas ... es spricht der erste Chef der Gestapo ...«, Stuttgart 1950
Axel Eggebrecht: »Das Drama der Republik«, Zum Neudruck der Weltbühne, Königstein/Ts. 1979
Ders.: »Der halbe Weg«, Zwischenbilanz einer Epoche, Hamburg 1975
Alf Ensling: »Die Weltbühne: Organ der Intellektuellen Linken«, Dissertation, Münster 1962
Bruno Frei: »Carl von Ossietzky«, Eine politische Biographie, Berlin 1978 (2. veränderte Auflage von ders.: »Ritter ohne Furcht und Tadel«, Band 3 der Schriften Carl von Ossietzkys, Berlin [DDR] 1966)
Kurt R. Grossmann: »Ossietzky. Ein deutscher Patriot«, München 1973
Kurt Hiller: »Köpfe und Tröpfe«, Profile aus einem Vierteljahrhundert, Hamburg 1950
Ders.: »Leben gegen die Zeit« (Autobiographie), Hamburg 1969
Ludwig Hoffmann/Curt Trepte: »Exil in Skandinavien«, Leipzig 1980
Berthold Jacob: »Weltbürger Ossietzky«, Paris 1937
Alfred Kantorowicz: »Die Geächteten der Republik«, Alte und neue Aufsätze, Berlin 1977

Walter Karsch: »Carl von Ossietzky«, in: Aufbau, New York 1945, Heft 3

Raimund Koplin: »Carl von Ossietzky als politischer Publizist«, Berlin 1964

Franz Leschnitzer: »Carl von Ossietzky«, in: ders.: »Von Börne zu Leonhard«, Rudolfstadt 1936

Ludwig Marcuse: »Mein Zwanzigstes Jahrhundert« (Autobiographie), Zürich 1975

Ursula Madrasch-Groschopp: »Die Weltbühne«, Porträt einer Zeitschrift, Berlin (DDR) 1983

Lisa Matthias: »Ich war Tucholskys Lottchen«, Hamburg 1962

Walter Mehring: »Carl von Ossietzky«, in: Deutsche Rundschau, 1959, S.904f

Ders.: »Kurt Tucholsky« (Radio-Essay), Berlin 1985, Hrsg.: Dietger Pforte

Ders.: »Wir müssen weiter«, Fragmente aus dem Exil, Düsseldorf 1979

Carl von Ossietzky: »Das Ende der Pressefreiheit«, WB, 29.3.1932

Ders.: »Rechenschaft«, WB, 10.5.1932

Ders.: »Rückkehr«, WB, 27.12.1932

Ders.: »S.J.«, WB, 27.11.1927

Maud von Ossietzky: »Maud von Ossietzky erzählt«, Berlin (DDR) 1966

Jan Peters: »Exilland Schweden«, Deutsche und schwedische Antifaschisten 1933-1945, Berlin (DDR) 1984

Dietger Pforte (Hrsg.): »Farbige weithin sichtbare Signalzeichen«, Der Briefwechsel zwischen Carl von Ossietzky und Kurt Tucholsky aus dem Jahre 1932, Berlin 1985, Anmerkungen zur Zeit 25, Schriftenreihe der Akademie der Künste

Fritz J. Raddatz: »Bei jedem Mondwechsel zum Kampf bereit« (Ossietzky-Portrait), Frankfurter Rundschau, 13.3.1971

Ders.: »Tucholsky«. Eine Bildbiographie, München 1961

Hans Sahl: »Memoiren eines Moralisten«, Zürich 1983

Klaus-Peter Schulz: »Kurt Tucholsky in Selbstzeugnissen und Bilddokumenten«, Hamburg 1977

Volker Segers u.a.: »Carl von Ossietzky 1889-1938«, Katalog zur gleichnamigen Ausstellung der Universität Oldenburg, 1982

Kurt Singer alias Kurt Deutsch / Felix Burger alias Kurt R. Grossmann: »Carl von Ossietzky«, Zürich 1936

Kurt Tucholsky: »Ausgewählte Briefe 1913-1935«, hrsg. von Mary Gerold-Tucholsky und Fritz J. Raddatz, Hamburg 1962

Ders.: »Briefe an eine Katholikin«, Hamburg 1970

Ders.: »Briefe aus dem Schweigen 1932-1935«, Briefe an Nuuna (Hedwig Müller), hrsg. von Mary Gerold-Tucholsky und Gustav Huonker, Hamburg 1984 (2. Auflage)

Ders.: »Deutschland, Deutschland über alles«, Ein Bilderbuch, Berlin 1929; Neudruck: Hamburg 1978

Ders.: »Panter, Tiger & Co.« Eine neue Auswahl aus seinen Schriften, hrsg. von Mary Gerold-Tucholsky, Hamburg 1983 (2. Auflage)

Ders.: »Die Q-Tagebücher 1934-1935«, hrsg. von Mary Gerold-Tucholsky und

114

Gustav Huonker, Hamburg 1985 (2. Auflage)

Ders.: »Unser ungelebtes Leben«, Briefe an Mary, hrsg. von Fritz J. Raddatz, Hamburg 1982

Hermann Vinke: »Carl von Ossietzky«, Hamburg 1978

Hilde Walter/Walter Kiaulehn: »Der Preis für einen Friedenspreis«, in: Deutsche Rundschau, 1961, S.136 ff.

Dies.: »Der Preis für einen Friedenspreis«, unveröffentlichtes Buchmanuskript, Hilde Walter-Archiv des Münchner Instituts für Zeitgeschichte

»Die Weltbühne«, Wochenschrift für Politik, Kunst, Wirtschaft, Berlin 1918-1933, Hrsg.: Siegfried Jacobsohn (1918-1926), Kurt Tucholsky (1927), Carl von Ossietzky (1927-1933), vollständiger Neudruck, Königstein/Ts. 1978

Gerhard Zwerenz: »Eine Liebe in Schweden«, Roman vom seltsamen Spiel und Tod des Satirikers K.T., München 1980

Ders.: »Der Krieg der Pazifisten«, Essay über das komplizierte, changierende Verhältnis der Freund-Feinde Tucholsky und Ossietzky sowie über die Parallelität ihres Todes und das Ende des militanten Pazifismus bei den Deutschen, unveröffentlichtes Manuskript, 1986 ausgezeichnet mit dem Ossietzky-Preis der Stadt Oldenburg

Ders.: »Kurt Tucholsky«, Biographie eines guten Deutschen, München 1979

Archivalien:

Briefe und Dokumente aus dem Nachlaß Maud und Carl von Ossietzkys, Ossietzky-Archiv der Universität Oldenburg

Briefe und Dokumente aus den Kurt Tucholsky- und Walter Mehring-Nachlässen der Berliner Akademie der Künste

Manuskripte, Briefe und Dokumente über die Arbeit in der Weltbühnenredaktion und die Friedensnobelpreiskampagne aus dem Nachlaß von Hilde Walter, Münchner Institut für Zeitgeschichte und Internationaal Instituut voor Sociale Geschiednis, Amsterdam

Interviews

Interview mit Gertrude Meyer-Prenzlau, Hindås, 20.10.1985

Interview mit Rosalinde von Ossietzky-Palm, Stockholm, 22.10.1985

Interview mit Rudolf Arnheim, Darmstadt, 15.6.1986

Interview mit Fritta Brod/Burschell, München, 15.4.1986

Personenregister